スキルアップ法律事務
裁判所提出書類の作り方 集め方

民事訴訟／保全／執行

矢野公一 著

日本加除出版

はしがき

「法律事務」というと，一般的には堅い・難しいという印象があるようです。特に決まった定義はなく，法律に関連する事務もあれば，法務局・市区町村役場その他公的機関に対する書類請求などの事務，銀行・信用金庫などの金融機関，消費者金融が関連する事案の処理，依頼者に対する連絡その他雑事まで，法律事務所によっても様々です。ただ，どの法律事務所でも共通していることは，裁判所に係属している（民事・家事・刑事などの）事件について事務を行うということです。これは弁護士（認定司法書士が簡易裁判所の事件を扱うことはあります）が行うものですから，自ずと法律事務所に勤務する事務職員にも，裁判所で扱われる事件等についての知識・事務手続の方法などを知っておくことが要求されます。

平成24年度の司法統計によると，全国の裁判所（最高・高等・地方・簡易各裁判所）で扱われる民事・行政事件の合計は新規受付の事件が約170万件，その年の未済・既済事件は約220万件あり，地方裁判所だけをみても，新規受付の事件が約70万件，未済・既済事件は約100万件あります。これらの事件の内訳は，貸金返還請求事件（「貸した金を返せ！」の事件），売買代金請求事件（「代金を払え！」の事件）など，いくつかに分類はできても，その内容はそれぞれで異なります。

法律事務所では，どのような依頼者からどのような事件の依頼を受けて，どのように処理するかは弁護士が決めるので，その法律事務所に勤務する事務職員としては，たとえ自分の知らない分野であっても，なんらかの方法で調べて，勉強して，柔軟にこなしていかなければなりません。

しかし，法律事務，特に法律事務職員の仕事についての書籍は，手引書のような冊子を発行している各都道府県の単位弁護士会（もしくは弁護士協同組合）がいくつかありますが，一般には，あまり数多く出版されておらず，多くの法律事務職員が抱える悩みの１つになっています。

そういった現状を踏まえ，できるだけわかりやすく，基本的知識を習得できるように構成して，拙書「スキルアップ法律事務テキスト」（日本加除出版，2010年）を執筆しました。

しかし，「スキルアップ法律事務テキスト」では，広い範囲での法律事務について解説する必要があったため，各分野での内容がどうしても表面的で「浅く，広く」解説するようになってしまい，少々，不完全燃焼な気分だったのですが，それにもかかわらず，たくさんの方々から「おもしろい」「わかりやすい」等のご感想を頂き，感謝に堪えません。

そこで，今回は，「スキルアップ法律事務テキスト」では，都合上，触れることができなかった，少し奥の部分まで解説することを目的として，本書「スキルアップ法律事務 裁判所提出書類の作り方・集め方」を執筆しました。

特に本書では，民事訴訟，民事保全，民事執行の分野に限定して，実際の事務手続の流れに沿って，さらに細かく，多少深く解説し，さらに理解の一助になるようにイラストを多用しました。

本書が，多くの法律事務職員，その他企業の法務部員の方々のお役に立てれば幸甚です。

最後になりましたが，本書執筆にあたりご協力頂きました弁護士，法律事務職員，裁判所書記官のみなさまに感謝致します。

2013年９月

矢　野　公　一

スキルアップ法律事務

裁判所提出書類の作り方 集め方

民事訴訟／保全／執行

目　次

第Ⅰ章　法律事務所の仕事

第Ⅱ章　民事訴訟と提出書類

第Ⅲ章　民事保全と提出書類

第Ⅳ章　民事執行と提出書類

書式目次

コラム目次

【民事事件の流れ】

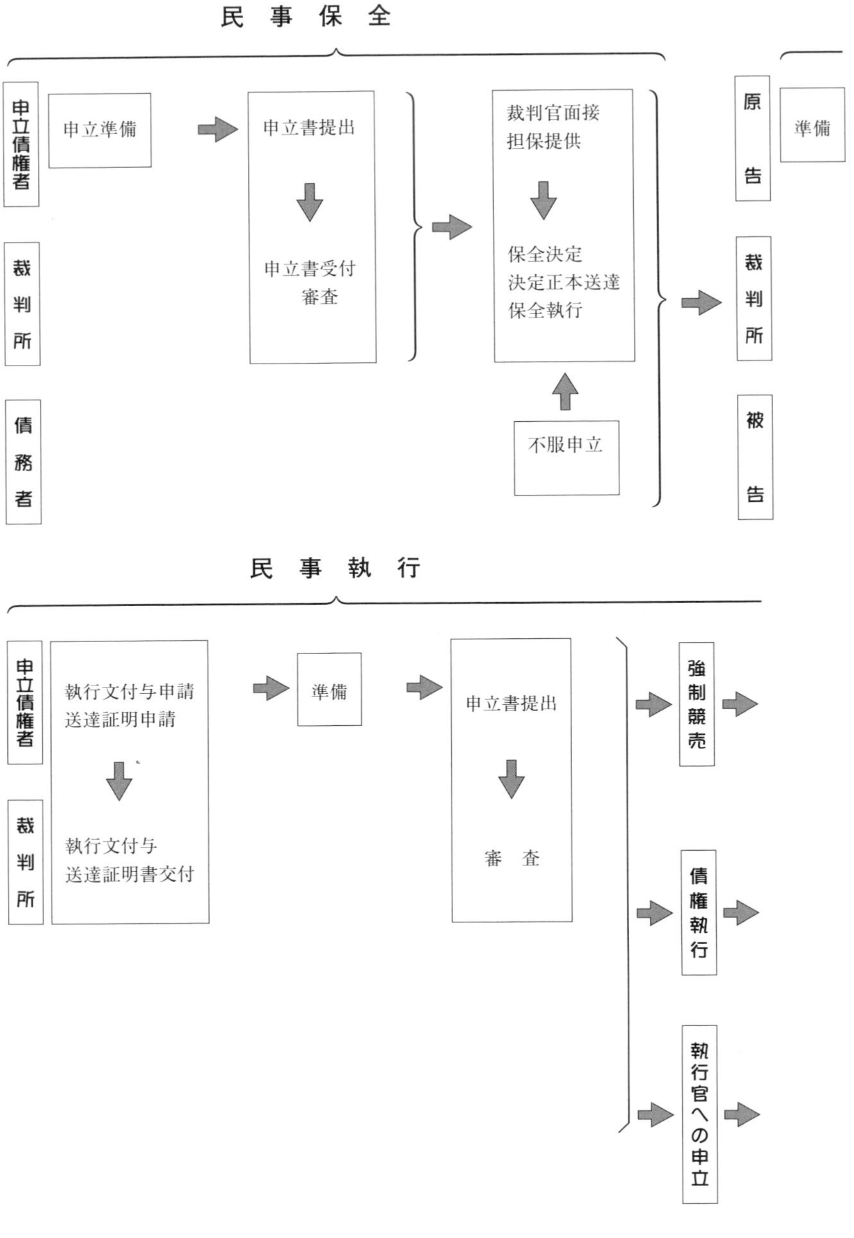
民事保全
申立債権者
裁判所
債務者
申立準備
申立書提出
申立書受付
審査
裁判官面接
担保提供
保全決定
決定正本送達
保全執行
不服申立
原告
裁判所
被告
準備
民事執行
申立債権者
裁判所
執行文付与申請
送達証明申請
執行文付与
送達証明書交付
準備
申立書提出
審査
強制競売
債権執行
執行官への申立

民事訴訟

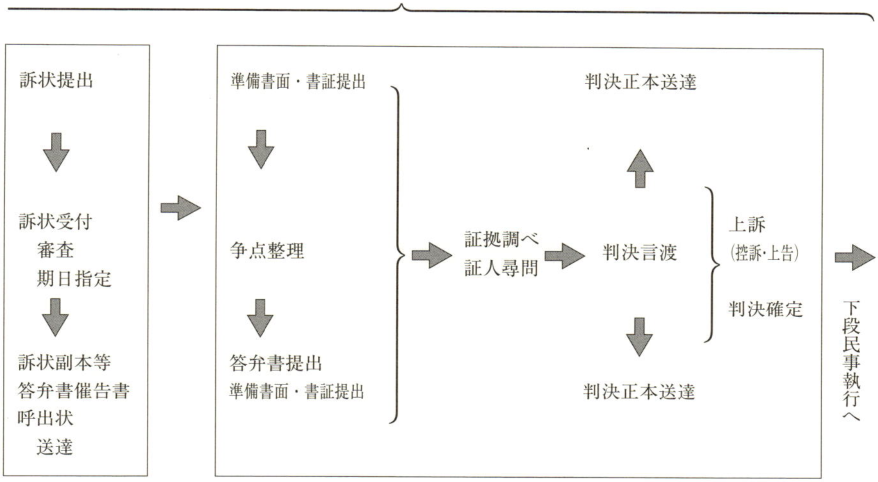
訴状提出
訴状受付
審査
期日指定
訴状副本等
答弁書催告書
呼出状
送達
準備書面・書証提出
争点整理
答弁書提出
準備書面・書証提出
証拠調べ
証人尋問
判決言渡
判決正本送達
判決正本送達
上訴
(控訴・上告)
判決確定
下段民事執行へ

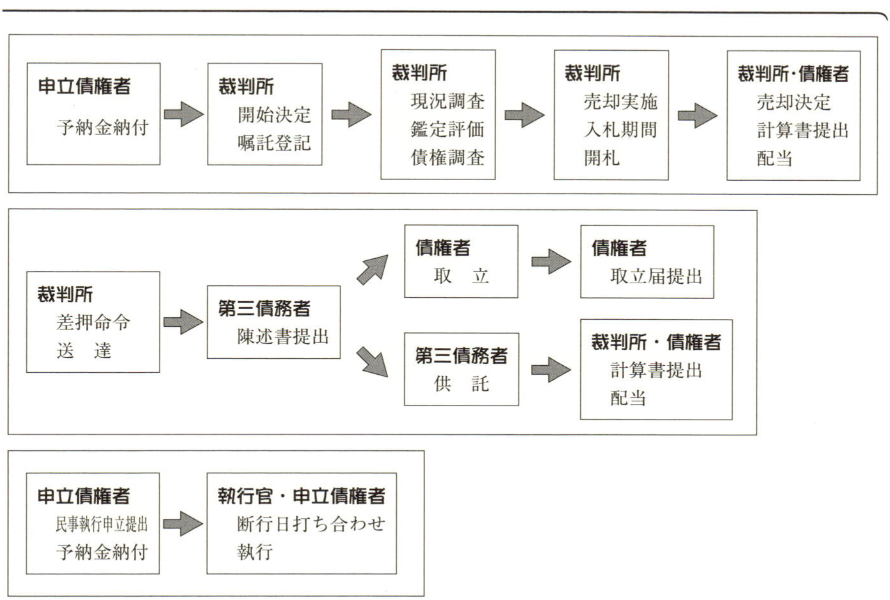
申立債権者
予納金納付
裁判所
開始決定
嘱託登記
裁判所
現況調査
鑑定評価
債権調査
裁判所
売却実施
入札期間
開札
裁判所・債権者
売却決定
計算書提出
配当
裁判所
差押命令
送　達
第三債務者
陳述書提出
債権者
取　立
債権者
取立届提出
第三債務者
供　託
裁判所・債権者
計算書提出
配当
申立債権者
民事執行申立提出
予納金納付
執行官・申立債権者
断行日打ち合わせ
執行

凡　例

本文中の法令名は，原則として正式名称で記しましたが，根拠条文や参照条文を表す（　）内では，以下のとおり略記しています。

会更	会社更生法
裁	裁判所法
人訴	人事訴訟法
破	破産法
破規	破産規則
犯被保護	犯罪被害者等の権利利益の保護を図るための刑事手続に付随する措置に関する法律
不登	不動産登記法
民	民法
民執	民事執行法
民執規	民事執行規則
民訴	民事訴訟法
民訴規	民事訴訟規則
民訴費	民事訴訟費用等に関する法律
民訴費規	民事訴訟費用等に関する規則
民保	民事保全法
民保規	民事保全規則

第 I 章

法律事務所の仕事

1　法律事務所での事務職員の仕事

法律事務所の仕事例（訴訟の提起）

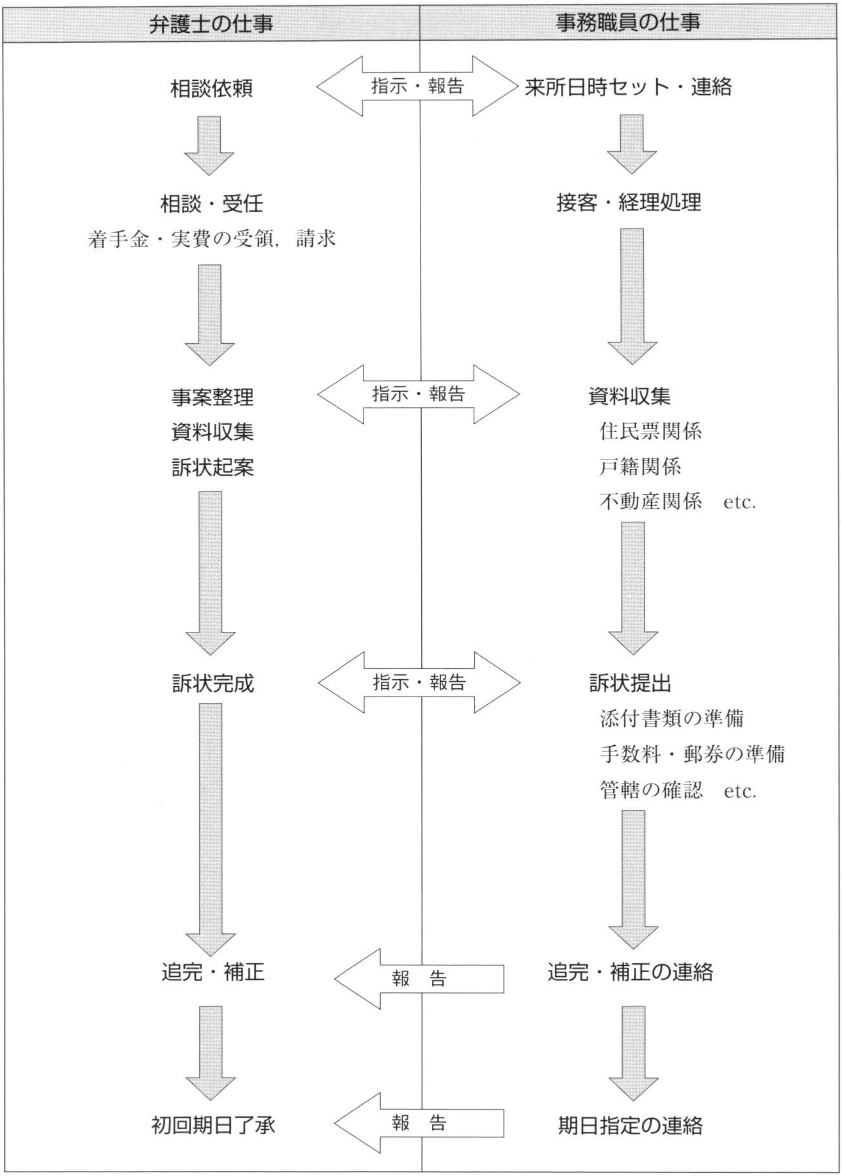

法律事務所で弁護士が受ける仕事は，

①　訴訟の提起，調停の申立てなど，（広義の意味での）訴えの提起

②　裁判外の交渉（「折衝（せっしょう）」とよばれることもある）

③　契約書などの書類の作成，法律相談などの法律一般事務

④　弁護士会での活動

など，様々です。

弁護士の事務所は，「法律事務所」という名称を使い（弁護士法20条１項），事務所を法人化しているところは「弁護士法人」という名称を使います（弁護士法30条の３）。

多くの事務所では，弁護士の他にスタッフがいます（スタッフがいない事務所もあります）。このスタッフが「事務職員」で，「事務員」「事務局」「パラリーガル」「スタッフ」など，呼称は事務所によっていろいろあります。

事務職員は，対外的に事務所のスタッフとしてみられます。一般の株式会社の社員が，対外的には，その会社と同視されるように，省庁，官署などの役所に勤める公務員が，その役所，ひいては国や地方自治体と同視されるように，事務職員の行動・言動は，事務所全体，ひいては弁護士の行動・言動とみられることがあります。その意味で，弁護士の仕事の重要性や内容を理解し，行動・言動に慎重になることが大切です。

事務職員の仕事は，弁護士の仕事のサポート，つまり，アシスト業です。平たく言えば，弁護士の仕事が円滑に進むように補助することが仕事です。法律的な業務（裁判上の代理人，法律相談など）は，資格を有する弁護士の仕事で，事務職員は，あくまでも「アシスト」「補助職」であることをしっかり認識しておくことが大切です。

弁護士も人間ですから，すべてが完璧ということはありません。特に忙しい業務のなかで，作成した書類に誤字・脱字があったり，提出手続の際に必要な添付書類がないなどの不備があることもあります。「アシスト」「補助職」という役割からすると，そのような不備を補完することができることが必要です。

補助職であるが故に，独断で仕事を進めることはできず，必ず弁護士への報告，弁護士からの指示が必要であるという面と同時に，弁護士の仕事がスムーズに進むように積極的になるべき面という，相矛盾するようなことがありますが，同時にそれらが事務職員としての仕事のやりがいかもしれません。

裁判所との関係においては，弁護士が代理人として手続に関与すると，裁判所としては，「弁護士が代理人となっているのだから，だいじょうぶだろう。」と考えます。おかしなことはしないだろう，手続についてはよくわかっているだろう，と裁判所と弁護士との間で信頼が生まれます。他方，弁護士は受任した事件について，すべてを自ら行うことはできず，事務職員に指示をして行います。

つまり，事務職員の行動は，そのまま弁護士の行動と同視され，事務職員の行動が裁判所と弁護士の間の信頼につながります。ですから，事務職員が無責任な行動をとったり，いいかげんなことをすると，弁護士に対する裁判所の信頼，事務所全体の信頼を損なうことになります。

ですので，事務職員も弁護士が受任している事件，仕事の内容をよく理解し，勉強することが必要となります。

コラム

パラリーガルって何？

パラリーガルとは，「弁護士を補佐するための専門職」をいい，アメリカでは，確立したリーガルプロフェッション（法律専門家）として認められている専門職です。認定は，各大学（カレッジやユニバーシティ），各州によって要件は違いますが，必須科目，選択科目などで一定の成績を修めると資格（パラリーガル資格，パラリーガル課程卒業資格）を取得することができます。

アメリカと違い日本では，公的な資格としては認められていませんし，一般的にも認知度は低いのですが，私的団体や専門学校での試験制度，養成カリキュラムなどがあり，（パラリーガルと称するかは別として）パラリーガルとしての業務を重視し，事務職員に対して，パラリーガルとしての能力を取得することを求める法律事務所も，僅かですが存在します。

今後の日本は，法曹人口の増加により，アメリカのような訴訟社会に移行するかもしれないと言われています。そうなると，各法律事務所においても，パラリーガルとしての能力を有する事務職員が必要とされることになるでしょう。

【パラリーガル養成の講座・講習会を運営している団体】

・パラリーガル岡山
　http://www.facebook.com/plokayama

【パラリーガルの能力に関する検定試験】

・NPO法人　法律専門秘書教育協会（JPEA）パラリーガル検定試験
　http://www.choikiki.com/jpea/paraken

・日本弁護士連合会　法律事務職員能力認定試験
（ただし，受験資格制限があります。）
　http://www.nichibenren.or.jp

2　事件の受任

◀顧問先からの相談

知人からの紹介▶

◀法律相談

弁護士が仕事を受けるのは，法律相談から始まることが多いです。

①　顧問先からの相談

②　過去の依頼者・知人・顧問先からの紹介

③　法テラス・弁護士会等の法律相談

相談を受けた後，弁護士が受任するかしないかを決めます。

相談のみで終われば（事件として受任しなければ），そこで終わりです。

事件として受任すれば，その方針を弁護士が決め，事務職員は指示を受けます。

コラム

相談のみで終わったはずだが……

相談のみで終わるケースとしては，

①　相談のみで解決したケース

②　とりあえず，今回の依頼を見送り（弁護士側からすると受任せず），後日あらためて依頼する予定

の２つの場合があります。

どちらのケースでも，依頼者の中には相談で終わったつもりはなく，後日引き続き，電話で問い合わせてくる人もいますし，相談のみで終わったにもかかわらず，依頼したつもりになっている人もいます。

事務職員としては，通常の業務と同じく，内容を弁護士に伝えることが仕事ですが，依頼者（正確には元依頼者）の中には，

「あなたでいいから答えて」

「簡単なことだから，ちょっと教えて」

「一般的なことだからいいでしょ」

「急いでいるんだから，早く教えて！」

と言って答えを求める人がいます。

事務職員としては，法律的な問いに対しては，たとえ答えがわかっていて

も答えるべきではないでしょう。なぜなら，「わかる」「知っている」というだけで安易に答えてしまうと，万一，間違っていることを言うと誤った情報を与えるだけではなく，「弁護士の事務所の人が言ったんだから，弁護士が言ったことと同じ」ととられてしまうのです。ですから，事務職員といえども，その回答には責任があります。

もちろん，弁護士から事前に，問い合わせに対して回答する内容について指示を受けているならば，その指示に従って，回答する必要があります。その場合でも，指示を受けた内容までは回答しても，それからさらに発展して指示を受けていない内容についての違う問い合わせをされた場合は，回答せずに，弁護士に報告しなければなりません。

相談に応じるのは弁護士の仕事で，事務職員の仕事ではありません。事務職員の中には，

「依頼者のためになること」

「依頼者の役に立ちたい」

と考える人もいますが，事務職員と弁護士の仕事の垣根を超えてはいけません。

3 弁護士からの指示

事件を受任した後，事件を処理するために弁護士から事務職員に指示が出されます。

(1)　着手金，費用等の受領，領収書の発行

法律事務所で，依頼者から受け取る金銭には，

①　相談料
②　着手金
③　報酬金
④　実費（費用）
⑤　顧問料

などがあります。

受領の方法は，現金の手渡し，指定口座への振込みなどがありますが，経理処理を事務職員の仕事としている事務所では，受領した現金を事務所の銀行口座へ入金したり，領収書の発行などをします。

経理の扱いは各事務所によってやり方が異なるので，弁護士や事務所が契約している公認会計士，税理士などの指示を受けて処理するようにします。

(2)　資料の収集

受任した事件のために収集する資料のうち，代表的なものを挙げます。

①　戸籍記載事項証明書・戸籍謄本

戸籍は，原則として，１組の夫婦およびこれと氏を同じくする子を単位として作られています。戸籍は，本籍地（戸籍を置いている場所）を管轄する市区町村役場で戸籍簿として管理されています。この戸籍簿ですが，以前は，各戸籍を編綴したファイル形式の「簿冊」で，その戸籍全部をコピー（謄写）したものが「戸籍謄本」，一部をコピーしたものが「戸籍抄本」と呼ばれていました。

しかし，現在では大部分がファイル形式ではなく，コンピューターの磁気ディスクで管理されているので，その磁気ディスク上記録され

ている事項が証明書という形式で交付されるようになりました。

【請求先】　本籍地の市区町村役場の市民課・住民課など戸籍事務を扱う係に請求します。ただし，政令指定都市などの場合は，専門に扱う部署があり（大阪市役所郵送事務処理センターなど），その場合は，その部署に請求します。

【請求方法・手数料】　戸籍謄本の交付手数料は全国一律で１通450円ですが，郵送で請求する場合には，自治体によっては郵送手数料（自治体によって金額が異なります）が必要となる場合があります。郵送請求では，申請書とともに手数料と返送用封筒を同封して請求します。

②　改製原戸籍（はらこせき）謄本（改製前の原戸籍の謄本）

法律の改正に伴って新しく戸籍が作り直された場合，それまでの戸籍（従前の戸籍）は，改製原戸籍（単に「原戸籍」とよばれます）となります。現在では，原戸籍とよばれるものが２種類存在しています。

１つは，昭和30年代の改正によって，それまで家単位で作成されていた戸籍（戦前の戸籍）が，日本国憲法の下で家制度が廃止され，現在のように世帯単位として作成されるようになり，この時点で戸籍の改製が実施され，改製前の原戸籍が作成されています。相続関係の調査においては，この改製前の原戸籍の謄本を申請する場合がよくあり，これは「昭和（改正）の原戸籍」と呼ばれています。

もう１つは，平成６年の改正によって，それまでファイル（簿冊）形式だった戸籍簿の管理がコンピューターによってされるようになり，それ以前の戸籍はコンピューター化による改製前の原戸籍となりました。これを「平成（改正）の原戸籍」と呼び，昭和（改正）の原戸籍と区別しています。

【請求先】　戸籍謄本の請求と同じです。

【請求方法・手数料】　原戸籍謄本の交付手数料は全国一律で１通750円ですが，郵送で請求する場合には，自治体によっては郵送手数料（自治体によって金額が異なります）が必要となる場合があります。郵送請求では，申請書とともに手数料と返送用封筒を同封して請求します。

③　除籍謄本（除かれた戸籍記載事項証明書）

婚姻，死亡，または管轄外への転籍などにより，その戸籍に記載されている全ての者がいなくなった（「除かれた」といいます）場合，その戸籍は除籍となり，その除籍全部をコピーしたものが「除籍謄本」，一部をコピーしたものが「除籍抄本」となります。

戸籍がコンピューター化された後に，戸籍記載の者が全員除かれたとき，その戸籍（除籍）の内容をプリントアウトして，市区町村長の認証を受けたものが「戸籍記載事項証明書」となります。

【請求先】　戸籍謄本の請求と同じです。

【請求方法・手数料】　除籍謄本の交付手数料は全国一律で１通450円ですが，郵送で請求する場合には，自治体によっては郵送手数料（自治体によって金額が異なります）が必要となる場合があります。郵送請求では，申請書とともに手数料と返送用封筒を同封して請求します。

④　不在籍証明書

不在籍証明書とは，ある特定の本籍地に戸籍や除籍がないことについて，市区町村役場で発行される証明書です。誤った本籍地が記載された書類があり，それが誤記であることを証明するために必要となる場合があります。

【請求先】　当該本籍地の市区町村役場です。

【請求方法・手数料】　各市区町村窓口に申請用紙があります。郵送で請求する場合，必要事項を記載した申請書を作成し，手数料と返送用封筒を同封して請求します。

手数料額は，各市区町村役場に個別に確認します。

⑤　住民票の写し

各市区町村役場で，住民基本台帳法に基づき，住所・氏名・生年月日・世帯主・本籍地などを記載した住民基本台帳が作成されており，この台帳に記載されている個々人の記録が「住民票」で，これを謄写して，市区町村長が認証し，一般に交付されるものが「住民票の写し」です。通常，この住民票の写しを「住民票」と呼んでいることが多いのですが，正確にいうと，それは「住民票の写し」になります。

弁護士が使用する「職務上請求書」でも，市区町村役場に備え付けてある請求用紙でも，「住民票」ではなく，「住民票の写し」となっています。

【請求先】　当該住所地を管轄する市区町村役場に請求します。ただし，政令指定都市などの場合は，専門に扱う部署があり（大阪市役所郵送事務処理センターなど），その場合は，その部署に請求します。

【請求方法・手数料】　住民票の写しの交付手数料は，各市区町村によって異なりますが，おおむね１通200円～300円です。郵送で請求する場合には，自治体によっては郵送手数料（自治体によって金額が異なります）が必要となる場合があります。郵送請求では，申請書とともに手数料と返送用封筒を同封して請求します。

⑥　住民票除票の写し

住民票に記載されている者が，死亡したり，他の市区町村へ転出して，住民票の記載が抹消されたとき，その住民票は「除票」に変わり，その写しが請求者に交付されます。これを「住民票除票の写し」または「除票の写し」といいます。

除票の写しからは，死亡の日，転出の日などがわかるほか，転出の場合には，転出先の住所地も記載されているので，新住所地を知る手がかりとなります。ただし，保存期間は５年なので，除票となってから５年を経過していると，廃棄により交付を受けることができなくなることがあります（自治体によっては５年以上経過しても保存している場合があります）。

【請求先】　住民票の写しの請求先と同じです。

【請求方法・手数料】　住民票除票の写しの交付手数料は，各市区町村によって異なりますが，おおむね住民票と同じく１通200円〜300円です。郵送で請求する場合には，自治体によっては郵送手数料（自治体によって金額が異なります）が必要となる場合があります。郵送請求では，申請書とともに手数料と返送用封筒を同封して請求します。

⑦　不在住証明書

ある特定の住所地に住民票や住民票の除票がないことについて，市区町村役場で発行される証明書です。訴訟では，公示送達の申立てで必要となる場合があります。

【請求先】　当該住所地の市区町村役場です。

【請求方法・手数料】　各市区町村窓口に申請用紙があります。郵送で請求する場合，必要事項を記載した申請書を作成し，手数料と返送用封筒を同封して請求します。

手数料額は，各市区町村役場に個別に確認します。

⑧　外国人登録原票記載事項証明書

以前は日本国内で外国人登録をされていた方の証明は外国人登録原票記載事項証明書の交付を受けていましたが，平成24年７月９日以降，日本に在住する外国人の人々にも住民登録がなされ，住民票の写しが発行されるようになりました。

外国人の住民票の記載は，多少，日本人の場合と異なり，氏名（および通称名），性別，生年月日，住所等，その他特別永住者または中長期在留者等の区分，在留資格や在留期間などが記載されています。

【請求先】　住民票の写しの請求先と同じです。

【請求方法・手数料】　住民票の写しの請求の場合と同じです。

なお，日本在住の外国人の方の過去の居住歴など，旧外国人登録原票の記載事項証明書が必要になった場合は，法務省大臣官房秘書課個人情報保護係に弁護士法第23条の２の照会をして，情報の開示請求をします。

また，亡くなられた方の外国人登録原票記載事項証明書は，法務省入国管理局管理情報官室出入国情報開示係に請求します。

＊「死亡した外国人に係る外国人登録原票の写しの交付請求について」
http://www.immi-moj.go.jp/info/120628_01.html（平成25年現在）

⑨　戸籍の附票

戸籍の附票とは，その戸籍に記載された人の住所を記載したもので，転居等をした場合，その住所の変遷も記載されています。これによって，住所の変遷や現住所を知ることができます。

【請求先】　戸籍謄本の請求と同じです。

【請求方法・手数料】　戸籍の附票の交付手数料は，自治体によって異なり，１通200円～450円ですが，郵送で請求する場合には，自治体によっては郵送手数料（自治体によって金額が異なります）が必要となる場合があります。郵送請求では，申請書とともに手数料と返送用封筒を同封して請求します。

⑩　成年後見登記事項証明書・登記されていないことの証明書

以前は禁治産宣告，準禁治産宣告がなされた場合には，戸籍の戸籍事項欄にその旨が記載されていましたが，現在は，補助・保佐・後見および任意後見契約に関する公示は，成年後見登記により行われることになりました。

この制度により，成年後見・保佐・補助が開始されていることの証明は，登記事項証明書の交付を申請し，これらの手続が開始していないことの証明を求める場合には後見開始の審判等の登記（記録）がないことの証明書の交付を求めることとなります。

【請求先】　各法務局や地方法務局の本局になります。

【請求方法・手数料】　成年後見登記事項証明書の交付手数料は１通につき550円，登記されていないことの証明書の交付手数料は１通につき300円です。

請求権者は，本人・配偶者，四親等内の親族・相続人・成年後見人等・成年後見監督人等・任意後見人・任意後見監督人等のみが請求できるので，弁護士が請求する場合には，これらの人から委任状をもらう必要があります。

⑪　不動産登記簿謄本，不動産登記事項証明書

不動産に関する権利（物権）を取得したり失ったりしたこと（得喪・変更）については，登記をしなければ第三者に対抗することができません（民177条）。

そこで，不動産登記簿に記載されている内容を調査するために，不動産登記事項証明書の交付を申請します。

登記簿は表題部・権利部（甲区・乙区）から編成されています。表題部には「土地または建物の表示に関する事項」，甲区欄には，権利に関する登記のうち，「所有権に関する事項」（所有権移転登記・差押・所有権の処分禁止の仮処分等），乙区欄には，権利に関する登記のうち，「所有権以外の権利に関する事項」（抵当権・根抵当権・賃借権など）が登記されています。

甲区および乙区には，それぞれ登記の順位番号欄と登記事項が記載され，登記をした順序によって，番号が付されています。

【請求先】　最寄りの法務局になります。

【請求方法・手数料】　土地一筆，建物一棟について，600円を収入印紙で納付します。証明書の枚数が50枚を超えると50枚ごとに100円追加となります。

請求方法は，最寄りの法務局で直接交付請求するか，郵送によって請求します。

⑫　閉鎖登記簿謄本

一定の期間が経過したり，登記簿の記載事項が多くなった場合，その時点で有効な登記のみを新しい登記用紙に記載して，従前の登記用紙を閉鎖することとなります。この閉鎖された登記用紙を閉鎖登記簿といい，この閉鎖登記簿の記載事項に関する認証のある写しを閉鎖登記簿謄本といいます。また，登記簿が，過去の簿冊から現在の磁気ディスクに変わったときに，過去の簿冊の登記簿は，閉鎖登記簿となり（「コンピューター化に伴う閉鎖」などとよばれています），この写しを認証したものも閉鎖登記簿謄本となります。

閉鎖登記簿謄本は，過去の権利関係の調査などに利用されます。

【請求先・請求方法・手数料】　登記簿謄本・登記事項証明書と同じです。

⑬　共同担保目録

２個以上の不動産に共同担保が設定された場合，共同担保目録が作成されます。

共同担保目録は，どの不動産が共同担保となっているかがわかるので，相手の不動産を調査したときに，共同担保の登記（不動産登記簿の乙区欄の担保権の中に「共同担保目録」という文字があるかどうか）があれば，共同担保目録の交付を受けると，他の不動産の存在が判明します。

【請求先・請求方法・手数料】　不動産の登記事項証明書の交付請求をする際に，「共同担保目録つき」として請求します。この場合，共同担保目録については，手数料はかかりません（不動産登記事項証明書の交付手数料のみで足ります）。

請求方法は，最寄りの法務局で直接交付請求するか，郵送によって請求します。

⑭　旧土地台帳

不動産登記簿が作成される以前，課税のために土地台帳が作成されており，その台帳が，現在，法務局に保管されています。この旧土地台帳の写しは，だれでも交付申請することができます。

【請求先】　旧土地台帳に記載されている地域の管轄法務局になります。

【請求方法・手数料】　手数料は無料です。

請求方法は，管轄法務局へ出向き直接交付請求するか，郵送によって請求します。

⑮　公図

公図とは，旧土地台帳付属地図のことで，土地の区画や地番・位置・形状等が記入されていますが，公図には法律上の効力もなく，必ずしも現地を正しく反映していない場合が多いです。公図は，不動産競売申立時の添付書類となります（民執規23条の２第１号）。

【請求先・請求方法・手数料】　１通450円で収入印紙で納付します。

請求方法は，最寄りの法務局で直接交付請求するか，郵送によって請求します。

⑯　地積測量図・建物図面・各階平面図

不動産登記法で，土地の滅失登記以外の表示の登記を申請する場合には地積測量図を，建物の滅失登記以外の表示の登記を申請する場合には建物図面・各階平面図を添付する必要があり，申請時に提出された図面は，法務局に保存されており，これらの写しを交付請求することができます。

これらの図面は，不動産競売申立時の添付書類となります（民執規23条の２第１号）。

申請にこれらの図面が必要となったのは，昭和40年前後からなので，それ以前に登記された不動産については，当該法務局にも図面はありません。

【請求先・請求方法・手数料】　１通450円で収入印紙で納付します。

請求方法は，最寄りの法務局で直接交付請求するか，郵送によって請求します。

⑰　ブルーマップ

ブルーマップとは，株式会社ゼンリンが作成している住居表示地番対照住居地図のことで，住居表示・地番・用途地域名・用途地域界・公図名・公図界・容積率・建ぺい率が記載されています。

不動産登記簿は，住居表示ではなく地番で特定されているので，地番が判明しなければ請求することができません。そこで，住居表示が判明している時，ブルーマップで当該住所地を調べると，そこに青字で地番が記載されているので，それにより当該住居表示箇所の地番が判明します。

【入手方法】　ブルーマップは法務局に備え付けてありますが，コピーすることはできません。弁護士会や国会図書館・公共図書館などではコピーすることができる場合もあります。

⑱　商業登記簿謄本・法人登記簿謄本・商業登記事項証明書

商業登記簿とは，商業登記法により登記された登記事項を記載したもので，法務局，地方法務局およびその支局・出張所に保管されています。

商業登記簿には，商号登記簿・未成年者登記簿・支配人登記簿・合名会社登記簿・合資会社登記簿・株式会社登記簿・合同会社登記簿・外国会社登記簿などがあります。

法人登記簿とは，会社以外の法人の登記簿のことで，社団法人・財団法人・学校法人・宗教法人などの法人に関して登記されたものです。

これらの登記簿の認証のある写しを商業（法人）登記簿謄本といいます。

現在では，商業登記についてもコンピューター化され，登記簿が磁気ディスク化されています。この磁気ディスク上の記録事項を証明したものを商業登記事項証明書といいます。

【請求先】　商業登記を扱う最寄りの法務局になります。

【請求方法・手数料】　１通600円で収入印紙で納付します。証明書の枚数が50枚を超えると50枚ごとに100円追加となります。

請求方法は，商業登記を扱う最寄りの法務局で直接交付請求するか，郵送によって請求します。

＊法務局の管轄については，法務局のサイトで確認することができます。

http://houmukyoku.moj.go.jp/homu/static/kankatsu_index.html

（平成25年現在）

⑲　固定資産評価証明書

固定資産評価証明書は，課税台帳に記載された評価額に関する証明書で，訴訟や登記申請の場合の不動産の価格の算定資料となります。

固定資産評価証明書は，原則として所有者本人またはその代理人に対してのみ交付されますが，訴訟のために必要であれば利害関係人に対して交付されます。固定資産評価証明書はその年の１月１日現在の所有者を基準として作成されていますので，年の途中で登記上，所有者が変更されたとしても，１月１日現在の所有者名で証明書が交付されます。

【請求先】　当該不動産を管轄する市区町村役場，もしくは都税事務所・市税事務所。

【請求方法・手数料】　各自治体により手数料の算定方法が異なるので，事前に確認が必要です。郵送により請求する場合は，手数料と返送用封筒を同封して請求します。

⑳　固定資産公課証明書

不動産の強制競売や担保不動産競売の申立てをする場合には，固定資産税の評価証明書ではなく，公課証明書を添付する必要があります。

公課証明書は，本人およびその代理人以外には発行されないのが原則ですので，競売申立てのために必要であるときは，固定資産税評価証明書の申請用紙に「民事執行申立てのため，税額の記載のある公課証明書の交付を申請します」と記載したうえで，

① 強制競売申立ての場合には申立書の写しと執行力ある債務名義の正本の写し

② 担保不動産競売の申立ての場合には申立書の写しと担保権の設定されている不動産登記簿謄本もしくは登記事項証明書の写し

を添付して請求すれば，通常交付されます。

【請求先】当該不動産を管轄する市区町村役場，もしくは都税事務所・市税事務所。

【請求方法・手数料】 各自治体により手数料の算定方法が異なるので，事前に確認が必要です。郵送により請求する場合は，手数料と返送用封筒を同封して請求します。

(3) 資料の整理

ファイリングや相続関係図の作成などをして，収集した資料を整理します。

資料の整理の方法は，各事務所によって方式が異なり，事務所の中でも複数の弁護士がいる場合，各弁護士によって，やり方が違う場合があります。

方式が統一していないことについて，

「おかしい！　やり方が違うと効率が悪い」

と文句をいう事務職員の人がいます。

しかし，なぜ，訴訟資料を整理するかというと，弁護士の仕事がスムーズになるようにするためなので，やり方が弁護士ごとに異なるのは，仕方のないこと，というより当たり前のことでしょう。

「仕事の効率が悪い」

という人がいますが，それは，事務職員の仕事の効率が悪いのであり，弁護士にしてみれば，自分の整理の方法が変わる方が効率が悪くなります。

ですから，事務職員としては，各弁護士の好みや癖などを考えて，どのようにすれば，弁護士が効率よく仕事をこなせるかを考えて整理する必要があります。

コラム

受任事件の対処策

受任した事件の事務処理について，弁護士から依頼者に対して

① 書類の送付

② 電話連絡，Faxの送信

③ E-mailの送信

などをする場合があります。その都度，弁護士から依頼者の電話番号や住所を聞かれたときに，いちいち記録を調べるようでは，時間のロスもありますし，効率が悪いでしょう。

こういう場合に備えて，依頼者の住所，電話番号，メールアドレス，その他注意事項をノートに控えておき，いつでも取り出せるようにしておくようにします。

依頼者によっては，連絡できる時間帯，日時，連絡方法の指定などがあり，特に，勤務先に連絡するような場合は，注意することもあるでしょう。そういう事項をまとめておくと，いざというときに役立ちます。

第Ⅱ章

民事訴訟と提出書類

1　提訴のための事前の資料収集

弁護士は代理人や弁護人として，訴訟に関与します。刑事事件では，検察官が起訴した被告人の弁護にあたるのですが，民事事件の場合は，原告の代理人となって訴訟を提起する，被告の代理人となって応訴する，参加人の代理人となり既に進行している訴訟に加わるなど，様々な形で関わります。

特に，訴えを提起するにあたり，事務職員は弁護士から訴訟提起のための資料の収集の指示を受けることがあります。

(1)　当事者関係

1）住民票の写し，戸籍記載事項証明書

訴状には，当事者の氏名・名称・住所を記載します（民訴133条２項１号，民訴規２条１項１号）。一般的には，「戸籍記載事項証明書（戸籍謄本）」や「住民票の写し」で氏名と現住所を確認します。住所はできるだけ新しい住民票の写しなどで確認しておく方がよいでしょう。過去の住所地に訴状等が送達されると，「訴状訂正申立書（当事者の住所の訂正）」や「再送達上申書」の提出などの手間が増えることになります。

弁護士の場合，戸籍記載事項証明書（戸籍謄本）や住民票の写しは，「職務上請求」という手続で請求するのが一般的です。専用の請求用紙に必要事項を記入して，管轄の役所（市区町村役場）に請求します。

職務上請求は，弁護士の名前で行うので，請求用紙への記載内容については，十分に注意を払わなければなりません。

2）法人の資格を証する書面

依頼者または相手方が法人で，法人が原告（債権者）・被告（債務者）となる場合，「資格を証する書面（資格証明書）」が必要となります。多くの場合は，法人登記の「履歴事項全部証明書」や「現在事項全部証明書」を利用したり，「代表者事項証明書」を利用します。

株式会社や医療法人・学校法人等のように，法律によって権利義務の主体となりうる存在である団体，端的に言えば，自然人（人間）以外で法律によって「人」とされている団体が「法人」です。

ある団体が訴訟の当事者となるとき，その団体が法人となっている（法人格を有している）かそうでないかは，外見からはわかりません。そのため，法人であるのであれば，それを証明する書面を裁判所に提出しなければなりません（民訴規18条，15条）。訴訟を提起するとき，原告が法人であるときはもちろん，訴える相手（被告）が法人の場合も，その法人格を証する書面が必要となります。

コラム

相手の氏名・商号の変更，住所・所在地の移転に注意

自然人（個人）を相手に訴えを提起する場合，紛争が起こった頃と比べて婚姻や養子縁組などで姓が変更していること，転居などで住所が移転することがあります。また，法人を相手に訴えを提起する時，現時点の相手方の所在地と，紛争の原因が起こった当時の相手方の所在地が異なる場合，または，相手方の法人名（商号など）に変更があった場合，訴えの提起時は，現時点の法人名，所在地が判明していればよいのですが，後々，紛争の原因当時のことが争点になった場合，それらのつながりをつけなければならないこともあり得ます。

例えば……

事例　Ａさんが消費者金融である株式会社Ｂに対し，不当利得返還請求訴訟（過払金返還請求訴訟）を提起しようとしたとき，Ａさんがその消費者金融から金銭の借入をした当初，その商号は「株式会社乙」で，本店所在地は，「東京都○○区……」でした。しかし株式会社乙は，その後，商号変更と本店所在地移転をくり返して，現在の商号は，「株式会社Ｂ」，本店所在地は，「名古屋市××区……」となっている。

このような場合，株式会社Ｂが訴えについて，争わず，Ａさんの請求を全て認める，と言う答弁をした場合は，問題ないのですが，もし，株式会社Ｂが「うちは株式会社Ｂで株式会社乙ではない」と主張してＡさんとの契約そのものを否認したようなときは，Ａさんは，当初の契約の成立について立証しなければならないでしょう。その際，当初の契約書には，「株式会社乙」が債権者であり，その本店所在地は「東京都○○区……」となっているでしょうから，

「株式会社乙」→「株式会社Ｂ」

「東京都○○区……」→「名古屋市××区……」

などの商号変更や本店所在地の移転を閉鎖登記事項証明書などの登記事項証明書などで明確にする必要があります。

実際に証拠として提出するか否かは，訴訟の状況によって違いますが，必要となる場合に備えて，閉鎖登記事項証明書を収集する準備をしておく方がよいでしょう。

登記事項証明書以外の「資格を証する書面」

「資格を証する書面」は，登記事項証明書に限られるわけではなく，他の書面による場合もあります。

一例を示しますと，「国民健康保険団体連合会」の場合，認可した都道府県庁に対して，証明書を請求します。証明書の申請用紙は各都道府県のホームページからダウンロードでき，たとえば、大阪府では，下記URLでダウンロードできます。

http://www.pref.osaka.jp/kokuho/shinsei/rengoukaishoumeisho.html

（平成25年９月現在）

3）委任状

弁護士が依頼を受けて訴訟を提起する，または被告となった人の代理人として応訴するには，代理権を書面で証明しなければなりませんので（民訴規23条１項），それを証する書面として「委任状」が必要となります。

法律事務所では定型の委任状が多く使われています。「委任者」とは依頼者を指し，受任者となる弁護士の氏名，事務所住所等を記載します。依頼者が法人（株式会社，財団法人，医療法人など）の場合は，主たる事務所の所在地と法人名，代表者名（代表取締役，代表理事など）を記載し，法人印を押印します。所在地と法人名，代表者名は記名（社判）などを使用するのが一般的でしょう。

委任者（依頼者）が未成年者の場合は，親権者である両親または父母の一方か未成年後見人が法定代理人となります。

委任状の内容は，委任者（依頼者）の住所・氏名，受任者（弁護士）の事務所所在地，電話・ファックス番号，弁護士名，事件の内容（相手方・官署・事件の表示），委任事項で構成されるのが一般的な形式です。

訴訟委任では，委任を受けた弁護士は，委任を受けた事件について，反訴，訴訟参加，強制執行，仮差押えおよび仮処分に関する訴訟行為をし，かつ，弁済を受領することができますが（民訴55条１項），個別の委任がなければ委任の範囲に入らないものもあります。これを「特別委任事項」といいます（民訴55条２項）。具体的には，反訴の提起（民訴55条２項１号），訴えの取下げ，和解，請求の放棄・認諾（民訴55条２項２号），控訴・上告の申立てまたは取下げ（民訴55条２項３号）などがあります。

コラム

弁護士が複数在籍している事務所では？

弁護士法人や大・中規模事務所のように複数の弁護士が在籍している事務所，小規模の事務所でも２人以上の弁護士が在籍している事務所では，１枚の委任状に弁護士の名前を連記していることがあります。市販されている委任状や書式集に掲載されている委任状の形式では，弁護士１名分の名前を書くスペースしかないので，複数の弁護士の名前を記載することに違和感を感じる人がいますが，複数の弁護士の名前を記載しても，委任状の効力自体には問題はありません。

「訴訟委任状」と「委任状」の違いは？

法律事務所によっては，委任状の表題が「訴訟委任状」となっているものを使用している事務所と，表題が「委任状」となっているものを使用している事務所があるようです。どちらを使用するかは，その事務所の弁護士の好みでしょう（と言ってしまえば身も蓋もないのですが）。とある事務所の事務職員の話ですが，その事務所では表題が「訴訟委任状」となっているものを使用していたところ，相手方の弁護士が裁判所に提出した委任状を謄写したら，表題が「委任状」となっており，これをみた事務職員は，「この委任状は無効だ」と思ったそうです。

厳密にいえば，「訴訟委任」とは，「特定の民事事件について，訴訟代理権を授与する行為」ですから，交通事故や債務整理で相手方と交渉するときのように，訴訟代理以外の代理人となる場合は，訴訟委任にはあたらないことになってしまうのかもしれません。しかし委任状は，弁護士が依頼者からの依頼を受けて仕事をしていることを証する書面ですから，訴訟以外の交渉の依頼を受けたが委任状の表題が「訴訟委任状」となっているからといって，その委任が無効になることはないでしょう（委任の事実は厳然として存在するのですから）。

訴訟以外の交渉で代理人となるときでも，相手によっては，委任状を要望することもあります。その点からすると，単に「委任状」となっている方が，用途は広いと思われますし，法律事務所によっては，「訴訟委任状」と「委任状」を使い分けているところもありますが，どちらが正しくてどちらが間違っているというものではないということを理解しておきましょう。

「特別委任事項」の漏れ

書式集や市販の委任状をそのまま利用して，何も問題が起こっていないと気付かないのですが，委任事項の中に，必要な事項が漏れているというケースを聞くことがあります。特に，特別委任事項が記載されていない委任状用紙を使っていると，それに該当する訴訟行為をしなければならなくなったとき，新たに委任状を提出しなければならなくなります。

実際に，「訴えの取下げ」（民訴55条２項２号）が委任事項欄に記載されていない委任状用紙を使っていた法律事務所で，訴えの取下書を裁判所に提出したところ，委任事項欄に「訴えの取下げ」を記載した委任状の提出を新たに求められたケースがありました。

あまり，普段は気にしないかもしれませんが，一度，事務所で使っている委任状の委任事項欄を見ることも大切かもしれません。

「捨印」は必要か？

以前，「捨印が押していない委任状は無効ではないのですか？」と質問を受けたことがありました。その人は，「捨印」は何のために必要なのかを理解していないのでしょう。

「捨印」とは，記載の誤りの訂正にあたり，訂正印の捺印に代えて使用する印影で，委任者（依頼者）からすると，相手に書類の記載の訂正を委ねてしまうことになるので，捨印の押印を拒否する人もいます。

実際，契約にあたって，契約書に捨印を押したばかりに，契約書の内容を変えられたという事例もないわけではないので，依頼する側からすると，むやみやたらに捨印を押したくないという人もいるでしょう。

弁護士への委任状に捨印を押すのは，慣例のようになっていますが，やはり「押したくない」という依頼者に対して，無理に捨印を求めることはできないでしょう。しかし，少なくとも，捨印を押していないから委任状が無効になる，なんてことはありません。

⑵　客体関係（訴訟の対象となるもの）

1）不動産

①　不動産登記事項証明書（不動産登記簿謄本）

不動産に関する訴訟の場合，訴状に不動産登記事項証明書（不動産登記簿謄本）の添付が必要となります（民訴規55条1項1号）。

不動産の権利関係については，法務局にある「不動産登記簿」で管理されています。この「不動産登記簿」は，以前は，ファイル形式の帳簿の状態で保存されており，それを謄写（コピー）したものを「不動産登記簿謄本」とよんでいたのですが，平成16年の不動産登記法の改正により，「不動産登記簿」が磁気ディスクによって調製されるようになったので（不登2条9号），登記簿の謄写（コピー）がなくなり，磁気ディスクに記録されている登記事項が証明書という形で交付されるようになりました。これが「登記事項証明書」とよばれるものです。

実務上，習慣となってこの「登記事項証明書」のことを「登記簿謄本」とよぶことも多いのですが，正確には，「登記簿謄本」と「登記事項証明書」は異なるものです。

「不動産登記事項証明書」は，現在ではオンラインにより，どこの法務局でも交付してもらえます。ただ，過去の登記について調べるために，「閉鎖登記簿謄本」をとるには，当該不動産の所在地を管轄している法務局に交付請求しなければならないこともあります。また，登記制度ができる前の状況を調べるために「土地台帳の写し」をとるときは，当該地域の管轄法務局に交付請求します。

②　「公図」「地積測量図」「建物図面」「各階平面図」

「土地明渡請求訴訟」「建物明渡請求訴訟」など，不動産の形状に関係した訴訟をする場合，それを示すものとして，これらの図面の「写し」を当該不動産を管轄する法務局に請求することがあります。

③　固定資産評価証明書

不動産に関する訴訟の場合，訴額の算定根拠が固定資産評価額となるので，「固定資産評価証明書」が必要となります。

「固定資産評価証明書」は，都税事務所，市税事務所，市区町村役場等に交付請求します。弁護士が交付請求する時は，職務上の専用の請求用紙を使います。その際，請求できる理由としての「使用目的」が限られていますので，それ以外の使用目的での請求はできないということを，注意しておく必要があります。

2）金銭債権

金銭債権に関する訴訟の場合，

・契約の成立，金銭の授受，返済の事実などがわかる「金銭消費貸借契約証書」
・貸付金を交付したときの「振込書」「領収書」
・貸付金を返済したときの「振込書」「領収書」

などを集めます。依頼時に依頼者が持参していることがありますが，持参していない場合，依頼者から送付してもらうことがあります。

3）交通事故

交通事故に関しては，「交通事故証明書」「実況見分調書」などがあります。

「交通事故証明書」は，交通安全センターでとります。

「実況見分調書」は，交通事故が刑事事件となっている場合，送検された検察庁の記録係で謄写申請する，もしくは，刑事事件が不起訴になっている場合は，「弁護士法23条の２に基づく照会（23条照会）」で申請することが多いでしょう。

2　管轄を調べる

裁判するから，管轄裁判所を考えてごらん
ハイ！
① Aが〜県，Bが〜府 貸金返還請求訴訟で AがBを……
③ 甲市にある不動産について，所有者は，乙市に住む Xで……
えっとぉ……
② 大阪在住のDと 東京在住のEが 名古屋で交通事故を起こし，歩行者Fが怪我をして……
う〜ん……
かんかつ
200万
土地
何からしたらいいのぉ〜！
わかりません！

訴えの提起は，管轄裁判所に行います。訴えをどこの裁判所に提起するかは，訴訟遂行中の時間と費用，証拠調べ（証人尋問）の手間，依頼人の便宜，また訴訟終了後の手続への影響を考慮する必要があります。例えば，第一審終了後に控訴することになった場合，控訴状は，原審（第一審）裁判所に提出しますが（民訴286条１項），原審の裁判所が遠方であれば，それだけ時間がかかりますし，控訴期限が迫っている時，遠方の裁判所であることが負担になることもあり得ます。ですので，管轄裁判所となる裁判所が複数あるときは，その中から，最も適した裁判所を選ぶ必要があります。

事務職員の仕事としては，

①　管轄となりうる裁判所とその根拠

②　各裁判所に提訴した場合のメリット・デメリット

をまとめ上げて弁護士に提示できればよいでしょう。

管轄についての基礎知識は，拙書「スキルアップ法律事務テキスト」を参考にして頂くとして，ここでは，管轄裁判所がどこになるかを調べる手順をお話しします。

１）専属管轄か否か

専属管轄は，手続の適正化・迅速化という公益上の理由により規定されているので，その事件（訴訟など）が専属管轄となるのであれば，そこが管轄裁判所となります（民訴340条１項，人訴４条，破126条２項，会更97条２項など）。

２）事物管轄－地方裁判所か簡易裁判所か

第一審裁判所は，地方裁判所か簡易裁判所のどちらかになりますが，これは，訴訟物の価額が140万円を超えるものは地方裁判所，140万円を超えないものは簡易裁判所となっています（裁24条１号前段，33条１項１号）。ただし，不動産に関する訴訟の場合は，訴訟物の価額にかかわらず，地方裁判所にも管轄権があります（裁24条１号後段）。

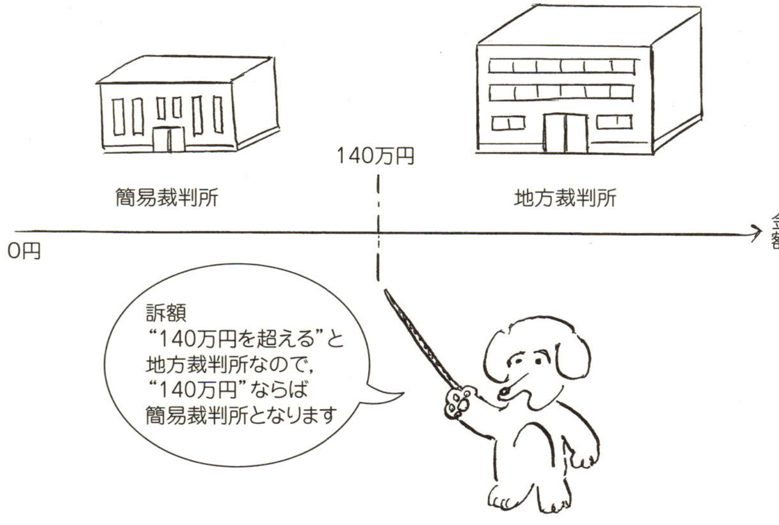
140万円
簡易裁判所
地方裁判所
金額
0円
訴額
“140万円を超える”と
地方裁判所なので,
“140万円”ならば
簡易裁判所となります

3）土地管轄－被告の普通裁判籍はどこか

民事訴訟では，原則として，被告の普通裁判籍の所在地を管轄する裁判所に管轄権があります（民訴4条1項)。この普通裁判籍は，自然人（個人）の場合は，住所により，日本国内に住所がないときまたは住所が知れないときは居所により，日本国内に居所がないときまたは居所が知れないときは最後の住所により定まり（民訴4条2項)，法人その他の社団または財団の場合は，その主たる事務所または営業所により，事務所または営業所がないときは代表者その他の主たる業務担当者の住所により定まります（民訴4条4項)。これは，被告となる者は，原告から訴えを提起されて，それに応対せざるを得ない立場であるから，被告となる者の負担を考慮した規定です。

4）土地管轄－被告の普通裁判籍以外の規定の適用はないか

訴えの種類によっては，被告の普通裁判籍の所在地を管轄する裁判所以外の裁判所に管轄権が発生する場合があります（特別裁判籍，民訴5

条)。主なものとしては，貸金返還請求のような「財産権上の訴え」の場合は「義務履行地」を管轄する裁判所が（民訴５条１号)，交通事故など「不法行為に関する訴え」では，「不法行為があった地」を管轄する裁判所が（民訴５条９号)，それぞれ管轄裁判所となります。詳細は，次表のとおりです。

【特別裁判籍一覧】

条　文	訴えの内容	土地管轄
§５−①	財産権上の訴え	義務履行地
§５−②	手形又は小切手による金銭の支払の請求を目的とする訴え	手形又は小切手の支払地
§５−③	船員に対する財産権上の訴え	船舶の船籍の所在地
§５−④	日本国内に住所（法人にあっては，事務所又は営業所）がない者又は住所が知れない者に対する財産権上の訴え	請求若しくはその担保の目的又は差し押さえることができる被告の財産の所在地
§５−⑤	事務所又は営業所を有する者に対する訴えでその事務所又は営業所における業務に関するもの	当該事務所又は営業所の所在地
§５−⑥	船舶所有者その他船舶を利用する者に対する船舶又は航海に関する訴え	船舶の船籍の所在地
§５−⑦	船舶債権その他船舶を担保とする債権に基づく訴え	船舶の所在地
§５−⑧	会社その他の社団又は財団に関する訴えで次に掲げるもの イ）会社その他の社団からの社員若しくは社員であった者に対する訴え，社員からの社員若しくは社員であった者に対する訴え又は社員であった者からの社員に対する訴えで，社員としての資格に基づくもの	社団又は財団の普通裁判籍の所在地

	ロ）　社団又は財団からの役員又は役員であった者に対する訴えで役員としての資格に基づくもの ハ）　会社からの発起人若しくは発起人であった者又は検査役若しくは検査役であった者に対する訴えで発起人又は検査役としての資格に基づくもの ニ）　会社その他の社団の債権者からの社員又は社員であった者に対する訴えで社員としての資格に基づくもの	
§5－⑨	不法行為に関する訴え	不法行為があった地
§5－⑩	船舶の衝突その他海上の事故に基づく損害賠償の訴え	損害を受けた船舶が最初に到達した地
§5－⑪	海難救助に関する訴え	海難救助があった地又は救助された船舶が最初に到達した地
§5－⑫	不動産に関する訴え	不動産の所在地
§5－⑬	登記又は登録に関する訴え	登記又は登録をすべき地
§5－⑭	相続権若しくは遺留分に関する訴え又は遺贈その他死亡によって効力を生ずべき行為に関する訴え	相続開始の時における被相続人の普通裁判籍の所在地
§5－⑮	相続債権その他相続財産の負担に関する訴えで前号に掲げる訴えに該当しないもの（相続財産の全部又は一部が同号に定める地を管轄する裁判所の管轄区域内にあるときに限る）	同号に定める地

5）合意管轄－当事者間に「管轄の合意」はないか

金融機関の融資契約のように，契約の中で「管轄の合意」が規定されていれば，合意で定めた裁判所に管轄権が発生します。管轄の合意は，必ず書面でしなければならないので（民訴11条２項），提訴の時に，管轄合意書または，合意管轄条項が記載された契約書などの書類が必要になります。

以上をもとに，具体的事例を考えてみます。あなたの勤務する事務所が，東京都千代田区にあるとして，それぞれの事例で，弁護士から管轄裁判所がどこになるかを調べるように指示を受けたとして，考えてみます。

【事例１】 東京都在住のＡ（原告）は，さいたま市大宮区在住のＢ（被告）に対し，貸金90万円の返済を求めて訴えの提起を予定している。なお，貸金の返済場所について特段の規定はない。

これは，貸金返還請求訴訟であり，訴訟物の価額は，90万円だから，事物管轄は，簡易裁判所になります。通常の民事訴訟では，被告の普通裁判籍を管轄する裁判所に管轄権があるので，まずＢの普通裁判籍を管轄する大宮簡易裁判所が管轄裁判所となります。次に，貸金の返済場所について，特段の定めがなく，債権者の住所地が返済場所（義務履行地）となるので（民484条，民訴５条１号），Ａの住所地を管轄する東京簡易裁判所が管轄裁判所となります。

裁判所	根　拠	メリット	デメリット
大宮簡易裁判所	民訴４条１項・２項	特になし	事務所・依頼者の住所地より遠方。 判決後，何らかの手続きが必要な場合，裁判所が遠方のため時間がかかる。
東京簡易裁判所	民484条 民訴５条１号	事務所・依頼者の住所地に近い 付随する手続きが早くできる。	特になし

【事例２】 神奈川県川崎市在住のＣ（原告）は，横浜市戸塚区在住のＤ（被告）に賃貸している長野県軽井沢町にあるＣ所有の別荘（固定資産評価額130万円）の明渡しを求めて訴えを提起しようとしている。

まず，事物管轄は，訴訟物の価額（不動産の固定資産評価額）が130万円ですから，簡易裁判所となりますが，不動産に関する訴訟は，地方裁判所にも管轄権があります。次に土地管轄ですが，まず，被告の普通裁判籍である住所地は横浜市戸塚区ですから，そこを管轄している鎌倉簡易裁判所と横浜地方裁判所が管轄裁判所となります。次に不動産に関する訴えですから，不動産所在地である長野県軽井沢町を管轄する佐久簡易裁判所と長野地方裁判所佐久支部が管轄裁判所となります。

裁判所	根　拠	メリット	デメリット
鎌倉簡易裁判所 または 横浜地方裁判所	裁33条１項 民訴４条１項・２項 裁24条１項	長野地方裁判所佐久支部・佐久簡易裁判所と比較すると近い	判決後，民事執行手続をとる必要がある場合，執行裁判所と本案判決の裁判所が離れているため準備が面倒になる可能性がある。
佐久簡易裁判所	民訴５条12号	特になし	事務所・依頼者の住所地より遠方
長野地方裁判所 佐久支部	民訴５条12号 裁24条１項	不動産の明渡訴訟であり，判決後に民事執行申立をする可能性があることを考慮すると，執行機関と本案判決の裁判所が近いので便宜的な場合がある。	事務所・依頼者の住所地より遠方

【事例３】 東京都内の自宅兼事務所でホームページのデザイナーをしているＥ（原告）は，東京都八王子市に主たる営業所（本店）をおく株式会社Ｆ社からホームページ作成の依頼を受け，ホームページを完成させて，Ｆ社に納品したが，Ｆ社は未だに，その代金180万円を支払わない。Ｅは，Ｆ社まで出向き，代金を請求したが，Ｆ社は支払わなかった。そこで，Ｅは，Ｆ社を相手にホームページ作成の代金支払請求の訴えを提起することを考えている。

事例３について検討します。訴訟物の価額は180万円ですから，事物管轄は地方裁判所となります。次に土地管轄ですが，まず，被告の普通裁判籍である八王子市を管轄する東京地方裁判所立川支部が管轄裁判所となります。次にこの代金の支払場所（義務履行地）ですが，契約上どこになっているのか，この事例だけではわかりません。ＥがＦ社まで集金にいくと決められていたのであれば，Ｆ社の所在地が義務履行地となりますが，そのような取り決めがなかったなら，Ｅの住所地を管轄する東京地方裁判所が管轄裁判所となります。

裁判所	根　拠	メリット	デメリット
東京地方裁判所 立川支部	民訴４条１項・２項	特になし	事務所・依頼者の住所地より遠方
東京地方裁判所	民484条 民訴５条１号	事務所・依頼者の住所地に近い	特になし

3　手数料を計算する（訴訟物の価額の算定）

訴えを提起する場合，原則として手数料を納付します。通常，収入印紙を訴状に貼付して納付しますが，一定の金額では現金で納めることもできます(民訴費８条，民訴費規４条の２第１項)。この手数料は，訴訟の目的の価額，即ち，訴訟物の価額（訴額）で決まります。このように，訴訟物の価額は，手数料算定の基準となったり（民訴費４条１項)，事物管轄を定める基準になります（裁24条１号前段，33条１項１号)。

手数料は，訴えの提起時（訴状の提出時）に納付するのが原則ですので，訴えの提起時に手数料額を計算しておかなければなりません。それには訴訟物の価額（訴額）を計算し，それに対応する手数料額を納付します。そのため，訴額の計算ができなければなりません。貸金返還請求訴訟のように，訴訟物の価額が数額として明らかならばよいのですが，金員の請求とともに不動産の移転登記を併せて請求する場合，複数の相手（被告）に対して，それぞれ異なる金額の金員を請求する場合のように，複雑となるケースもあります。そこで，まず基本原則を整理したうえで，訴訟物の価額（訴額）を算出してみます。

訴訟物の価額とは何かをわかりやすく説明するのは，なかなか難しいもので，よくなされている説明では，「訴訟の目的物の価額を『訴額』という。訴訟の目的とは，『訴訟物』であり，原告が訴えにより裁判所に判断を求める請求の内容である」とされています。しかし，これだけでは「？？？」となるでしょう。訴訟物とは何か，という論点は，以前，「訴訟物論争」というものがあったくらいであり，簡単に一言で理解するのは困難です。ただ，法律事務をするうえで，訴訟物の価額を考えるにあたっては，まず，「争っているものは何か？」を考え，次に，「それが金銭で算定できるか否か」を考えます。そうすれば，ある程度の目安がついてきます。訴訟物の価額算定については，いくつかのルールがあります。

(1)　訴額認定をする者

訴額は，納付する手数料額（貼用印紙額）を審査するため，訴訟提起時原告が計算して訴状に記載するのが一般的です（ただし，必ず書かなければならないわけではありません）。訴状を提出した後，裁判長による訴状審査が行われ，訴額を算定し手数料額が不足する時は，補正を命じられます。（民訴137条１項後段）。

(2)　訴額認定の標準時

訴額は，事物管轄を定める基準となるので（裁24条１号前段，33条１項１号），訴えの提起時に基準として訴額を算定します（民訴15条）。たとえば，土地返還請求訴訟において，訴えの提起時では，訴額が2,000万円でしたが，訴訟係属中に地価が暴落して，その段階で算出すると，訴額は800万円になるとしても，訴えの提起時が基準となるので，訴額は2,000万円のまま，ということです。

(3)　「財産権上の請求」と「財産権上の請求でない請求」

訴訟上の請求は，経済的利益を直接の目的とするか否かで，「財産権上の請求」と「財産権上の請求でない請求」に分類できます。

「財産権上の請求」として代表的なものは，貸金返還請求訴訟や売買代金返還請求訴訟のように，「一定の金銭を支払え」という訴訟です。そのような訴訟では，そこに掲げられた請求金額が経済的利益であることは明らかなので，そのものが訴額となります。しかし，財産権上の請求にも様々な形態があり（人格権に基づく差止請求訴訟，解雇無効確認訴訟，従業員たる地位の確認訴訟，取締役等の違法行為の差止請求訴訟など），経済的利益を金銭的に評価することが困難なものもあります。そこで，訴額を算定することが極めて困難な財産権上の請求については，その訴額を160万円とみなすこととしています。

「財産権上の請求でない請求」（これを「非財産権上の請求」ということもあります）は，離婚訴訟，幼児の引渡請求のように経済的利益を直接の目的としない請求で，金銭の支払請求訴訟のように訴額となるものがありません。

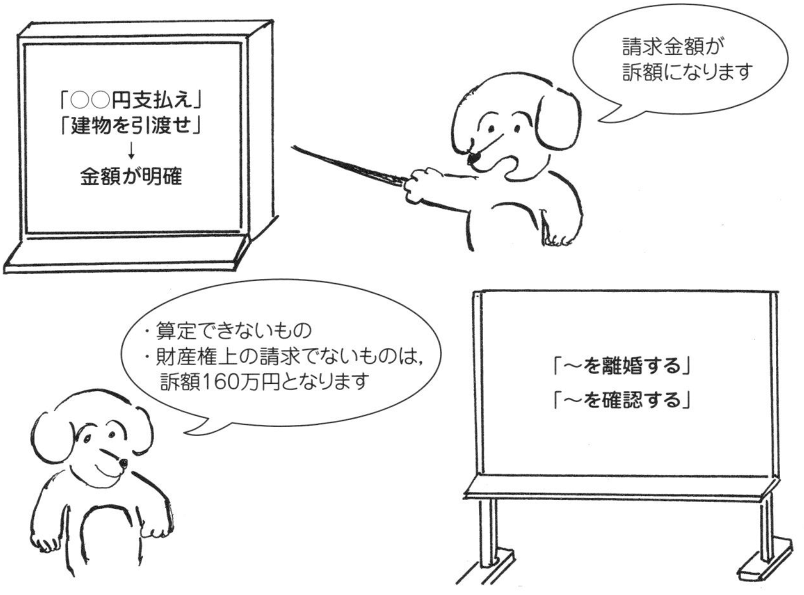

そこで，そのような場合は，訴額を160万円とみなすこととしています（民訴費４条２項前段）。

⑷　附帯請求不算入の原則（民訴９条２項）

果実，損害賠償，違約金または費用が１つの訴えにおいて，その発生する原因となった請求に併せて（附帯して）請求されている場合，それらの価額は訴額には算入せず，主たる請求の価額のみを基準として訴額を算定します。

果実とは，天然果実のほかに法定果実（利息・損害金・賃料など）を含みます。

損害賠償とは，主たる請求の履行遅滞による損害賠償（遅延賠償）のことをいいます。履行に代わる損害賠償（填補賠償）は，それ自体が主たる請求となるべき性質のものですから，ここにいう損害賠償には含まれません。

違約金は，遅延賠償の性質を有するものに限り附帯請求となります。契約

元本 × ○% ＝ 利息・損害金

利息や損害金は
元本から発生します。
つまり，元本は，
利息・損害金の
発生原因です
だから
元本とあわせて
利息・損害金を請求
するときは，
利息・損害金は
附帯請求となります

解除を予定した違約金は，解除された契約の代わりの賠償（填補賠償）の性質を有するので，この附帯請求には含まれません。

費用は，履行の催告（督促）に要した費用など，主たる請求の権利行使のための費用です。

(5) 併合請求の訴額合算の原則（民訴９条１項）

併合請求とは，１つの訴えで複数の請求をする場合です。その形態は，１人の被告に対して複数の請求を併合する場合（客観的併合）と複数の被告に対し訴えを提起する場合（主観的併合）があります。

１個の訴えで複数の請求をする場合は，原則として各請求ごとの価額を合算したものを訴額とします。(民訴９条１項本文)。ただし，その訴えで主張する利益が各請求について共通である場合は，合算はしません（民訴９条１項但書)。たとえば，貸金200万円の請求を主たる債務者と通常保証人に対し，１つの訴えで請求する場合です。

つまり，訴訟物の価額の算定は，原告がその訴訟によって得ようとしている利益を金銭評価した数額と考えればよいでしょう。

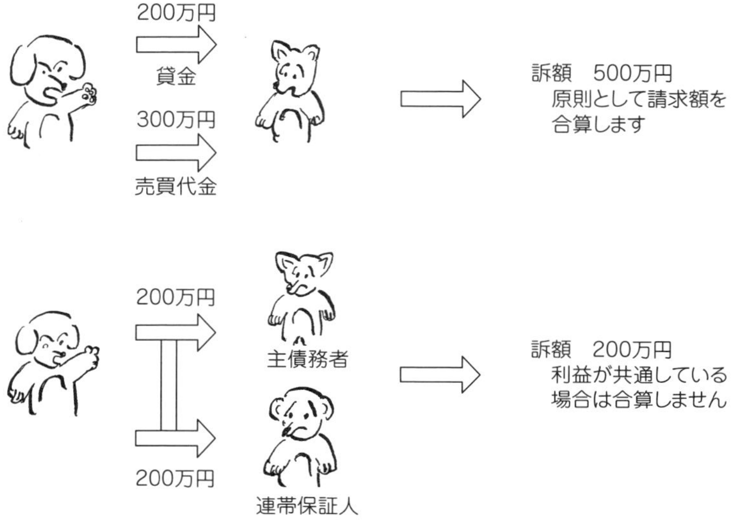
200万円
貸金
300万円
売買代金
訴額　500万円
原則として請求額を
合算します
200万円
主債務者
200万円
連帯保証人
訴額　200万円
利益が共通している
場合は合算しません

コラム

なぜ，160万円なのか？

事物管轄が簡易裁判所か地方裁判所かに分かれるのは，訴訟物の価額が140万円を超えるか否かで決まり，算定不能，財産権上の訴えではない場合は，訴訟物の価額は「140万円を超えるものとみなす」（民訴８条２項）となっているのに，訴訟物の価額は，160万円となるのはなぜか？という疑問を時々耳にすることがあります。

これは，単純なことで，140万円を超える，とすることで，事物管轄を地方裁判所と定め，具体的に訴訟物を価額をいくらにするかを考えると，1,400,001円でもいいし，1,450,000円でもいいことになります。しかし，140万円を超えて160万円までは，

（訴訟物の価額）	→	（手数料額）
1,400,001円	→	12,000円
1,450,000円	→	12,000円
1,600,000円	→	12,000円

となり，160万円までは手数料額が同じなので，訴訟物の価額については160万円となっているようです（といっても，本当のところはどうなのでしょうかねぇ……）。

不動産の所有権確認訴訟の訴額

所有権確認訴訟の場合は，基本的に目的物の価額が訴額となります。不動産の場合は，固定資産税の課税標準額（固定資産評価額）が訴額となります。

4　訴えの提起（訴状を提出する）

【事例４】 平成23年３月31日，弁護士から訴状の提出を指示されました。

事件は，貸金返還請求事件で，相手は，主たる債務者と連帯保証人２名の合計３名です。

貸金の元金は800万円で，貸付日は，平成22年５月31日，返済期限は平成22年10月31日，利息は年２パーセント，遅延損害金は年14パーセントの割合（利息・遅延損害金ともに１年に満たない日数は年365日の日割計算），請求する債権は，貸付元金，未払利息と遅延損害金（平成23年３月31日時点で未払利息残金は，66,630円，遅延損害金は，463,342円）です。

依頼者である原告（債権者）の住所地は大阪府吹田市，原告代理人弁護士の事務所があるのは大阪市北区，被告のうち，主たる債務者の住所地は東京都練馬区，連帯保証人の１人の住所地は神奈川県横浜市，もう１人の連帯保証人の住所地は兵庫県尼崎市です。

本件は，大阪地方裁判所へ提出する予定です。

提出する書類として，手元にあるのは，訴状と委任状です。これを提出するにあたり，どこを確認・注意しますか？

【書式】訴　状

訴　　　状

平成23年３月31日

大阪地方裁判所　御中

原告訴訟代理人　弁護士　　○　○　○　○

〒×××－××××　大阪府吹田市○○○　○丁目○番○号
原　　告　○　○　○　○

〒×××－××××　大阪市北区○○　○丁目○番○号　××ビル○○○号室
弁護士法人△△法律事務所（送達場所）
TEL　06-6＊＊＊－＊＊＊＊
FAX　06-6＊＊＊－＊＊＊＊
原告訴訟代理人
弁　護　士　○　○　○　○

〒×××－××××　東京都練馬区○○○　○丁目○番○号
被　　告　○　○　○　○

〒×××－××××　横浜市△△区○○○　○丁目○番○号
被　　告　△　△　△　△

〒×××－××××　兵庫県尼崎市△△町○○　○丁目○番○号
被　　告　×　×　×　×

貸金返還請求事件

訴訟物の価額　金8,529,972円
貼用印紙額　　金　46,000円

請求の趣旨

1．被告らは，原告に対し，連帯して，金8,066,6300円及び内金8,000,000円に対する平成22年11月31日から支払済みまで年14パーセントの割合（1年に満たない日数は年365日の日割計算）による金員を支払え。
2．訴訟費用は被告らの負担とする。
との判決並びに仮執行の宣言を求める。

請求の原因

1．原告は，被告○○○○に対し，下記のとおり，金8,000,000円を貸し渡し，被告はこれを受領した。

記

貸　付　金　額　　金8,000,000円
貸　　付　　日　　平成22年５月31日
返　済　期　限　　平成22年10月31日
貸　付　利　率　　年２％（１年に満たない日数は年365日の日割計算）
返　済　方　法　　返済期限までに，元金及び返済期限までの利息の合計金を一括して支払う。
損　害　金　率　　年14％（１年に満たない日数は年365日の日割計算）

2．前記契約と同時に，被告△△△△と被告××××は，前記契約の各条項を承認のうえ，被告○○○○と連帯して履行の責を負う旨，連帯保証を約した。

3．被告○○○○は，返済期限である平成22年10月31日を経過しても，前記債務の支払いをしない。

4．よって原告は，被告らに対し，連帯して，前記1.記載の貸付元金8,00円とこれに対する貸付日の翌日である平成22年６月１日から返済期限である平成22年10月31日まで年２パーセントの割合（１年に満たない日数は年365日の日割計算）による未払利息金の残金66,654円及び，返済期限の翌日である平成22年10月31日から支払済みまで約定利率年14パーセントの割合（１年に満たない日数は年365日の日割計算）による遅延損害金の各支払いを求める。

証　拠　方　法

1．甲第１号証（金銭消費貸借契約証書）　　１通

添　付　書　類

1．甲号証写し　　１通
2．訴訟委任状　　１通

【書式】委任状

委　任　状

平成　年　月　日

住　所　大阪府吹田市○○○　○丁目○番○号

委任者　○　　○　　○　　○　㊞

私議，弁護士○　○　○　○殿
（事務所住所　大阪市北区○○　○丁目○番○号　××ビル○○○号室）
（電話番号　06-6＊＊＊-＊＊＊＊　FAX番号　06-6＊＊＊-＊＊＊＊）
に，下記事件に関する各事項を委任します。

記

第1　事　件
　1　相　手　方　○○○○，△△△△，××××
　2　官　署　等　大阪地方裁判所
　3　事　　　件　貸金返還請求事件

第2　委任事項
　1　上記事件の訴訟行為，訴えの取下，和解，請求の放棄，請求の認諾，控訴・上告・抗告・上告受理の申立及びそれらの取下，調停申立及び調停行為，反訴の提起，手形・小切手異議申立及びその取下，取下同意，弁済金物の受領，保管金納入及び受領，復代理人選任
　2　担保保証の供託，同取消決定の申立，同取消に対する同意，同取消決定に対する抗告権の放棄，権利行使催告の申立
　3　供託書還付請求，供託物及び利息利札の払渡請求並びに受領
　4　債権届出，債権者集会及び債権調査期日への出席，議決権行使ほか債権者としての権利行使
　5　民事訴訟法第360条（同法第367条第2項，第378条第2項による準用の場合を含む）による異議の取下及びその同意，民事訴訟法第48条（同法第50条第3項，第51条による準用の場合を含む）による脱退

法律事務所では，訴状を裁判所に提出する仕事は，事務職員がすることが多いでしょう。訴状の提出，裁判所での受付がスムーズになるように，提出書類に不備がないようにすることが必要です。そのために，

①　当事者の表示や表記が正しくなされているか
②　原告の送達場所の記載はあるか
③　訴状を提出すべき裁判所は正しいか
④　文章に誤字や脱字はないか
⑤　添付書類，委任状はそろっているか
⑥　別紙の図面や物件目録等は全て添付されているか
⑦　訴額から計算した手数料額（印紙額）は正しいか，郵券（郵便切手）はそろっているか
⑧　書証，副本は，必要な数だけそろっているか
⑨　その他，注意すべきことはないか

などを確認できるようにしておきます。つまり，事務職員が訴状を確認するのは，あくまでも提出から受付までがスムーズに問題なくできるようにするためですから，その観点からすると，確認項目は，上記項目が中心となるでしょう。

意外に思うかもしれませんが，ミスタッチによる誤記，誤変換は多いものです。たとえば，

（例） 保証協会　→　保証境界

と変換してしまうことがあります。

さらに誤変換よりも多いのは，「アルファベットの残り」です。おそらく，キーボードの入力を「ローマ字入力」する人が多いでしょう。そのとき，母音が入力されず，子音の文字だけが残る現象です。たとえば，

「または，この契約に……」

という文章を打ったつもりが，

「mたは，この系yくに……」

というように「また」→「mata」となるところ，「mat」と入力，「契約」→

「keiyaku」と入力するところ，「keiyku」と入力し，アルファベットが残ってしまうのです。

30年ほど前，まだワードプロセッサーが出始めたころの話ですが，単語の変換機能をチェックする文章として，

「きしゃのきしゃがきしゃできしゃした」

と入力し，一括変換してみる，というのがありました。いまでは，ほとんどのパソコンソフト（「Microsoft Word」や「一太郎」など）では，一括変換で

「貴社の記者が汽車で帰社した」

と正しく変換できます。おそらく，いまではこの文章での変換テストはあまり意味がないでしょうね。

他にも句読点の二重打ち込み（「､､」や「｡｡」など）や，金額の位取りの間違い（「5,000,000円」を「500,0000円」とする），金額を漢字を含めた記載をするときの脱字（「1,000万円」と書くところを「1,000円」としてしまう）など，細かい点を見る必要があります。

特に金額の間違いは，後々，問題となるかもしれません。手形関係の著名な判例で

> **判例**　金額欄に文字で「壱百円」と記載され，その右上段に数字で「￥1,000,000」と記載されている約束手形の金額は，一〇〇円と解するのが相当である（最判昭61・7・10民集40-5-925）。

というものがあります。金額の誤記を発見した場合は，安易に判断せずに必ず弁護士に確認するようにします。

その他，提出する裁判所名の記載を間違うこともあります。地方裁判所には都道府県名がついていると勘違いしてしまう例としては，

「三重地方裁判所」×　→　「津地方裁判所」○

「滋賀地方裁判所」×　→　「大津地方裁判所」○

があります。地方裁判所は，都市名があたまについていて，東京地方裁判所

だけは，都道府県名がついている，と覚えておけばよいでしょう。

支部名が変わったもの（移転・統合したもの）としては，

「東京地方裁判所　八王子支部」　→　「東京地方裁判所　立川支部」

市町村合併により，都市名が変わり，裁判所名も変わったものとしては，

「浦和地方裁判所」　→　「さいたま地方裁判所」

などがあります。

では，事例4の訴状，委任状をみてみます。

①　訴訟物の価額

まず，訴訟物の価額ですが，これは，貸金返還請求事件で，利息・損害金は附帯請求となるので，訴訟物の価額に算入しません。ですから，訴訟物の価額は，8,000,000円となり，それに対する手数料（貼用印紙額）も42,000円となります。

②　請求の趣旨

請求の趣旨で，「金8,066,6300円」「平成22年11月31日」となっているのは，明らかな誤記でしょう。

③　請求の原因

請求の原因で，「貸付元金8,00円」，「未払利息金66,654円」とあるのは，

誤記でしょう。それと，遅延損害金の起算日ですが，これは，返済期限が平成22年10月31日ですから，10月31日が経過するまで（時計の秒針が，平成22年11月１日午前０時０分０秒を指す直前まで）に返済すれば，遅延損害金は発生しません。ですから，遅延損害金の起算日は，平成22年11月１日からとなります。

④　委任状

この委任状のサンプルに誤記はありませんが，誤記が発生するところは，「事件」の表示部分が多いです。他に委任者の住所・氏名の表記に注意すればよいでしょう。

【書式】訴　状

訴　　状

平成23年３月31日

大阪地方裁判所　御中

原告訴訟代理人　弁護士　○　○　○　○

〒×××－××××　大阪府吹田市○○○　○丁目○番○号
原　　告　○　○　○　○

〒×××－××××　大阪市北区○○　○丁目○番○号　××ビル○○○号室

弁護士法人△△法律事務所（送達場所）
TEL　06-6＊＊＊－＊＊＊＊
FAX　06-6＊＊＊－＊＊＊＊
原告訴訟代理人
弁　護　士　○　○　○　○

〒×××－××××　東京都練馬区○○○　○丁目○番○号
被　　告　○　○　○　○

〒×××－××××　横浜市△△区○○○　○丁目○番○号
被　　告　△　△　△　△

〒×××－××××　兵庫県尼崎市△△町○○　○丁目○番○号
被　　告　×　×　×　×

貸金返還請求事件

訴訟物の価額　金8,529,972円　→　（正）金8,000,000円
貼用印紙額　　金　46,000円　→　（正）金42,000円

請求の趣旨

1．被告らは，原告に対し，連帯して，金8,066,6300円（→（正）金8,066,630円）及び内金8,000,000円に対する平成22年11月31日（→（正）１日）から支払済みまで年14パーセントの割合（１年に満たない日数は年365日の日割計算）による金員を支払え。
2．訴訟費用は被告らの負担とする。
との判決並びに仮執行の宣言を求める。

請求の原因

1．原告は，被告○○○○に対し，下記のとおり，金8,000,000円を貸し渡し，被告はこれを受領した。

記

貸付金額	金8,000,000円
貸付日	平成22年５月31日
返済期限	平成22年10月31日
貸付利率	年２％（１年に満たない日数は年365日の日割計算）
返済方法	返済期限までに，元金及び返済期限までの利息の合計金を一括して支払う。
損害金率	年14％（１年に満たない日数は年365日の日割計算）

2．前記契約と同時に，被告△△△△と被告××××は，前記契約の各条項を承認のうえ，被告○○○○と連帯して履行の責を負う旨，連帯保証を約した。

3．被告○○○○は，返済期限である平成22年10月31日を経過しても，前記債務の支払いをしない。

4．よって原告は，被告らに対し，連帯して，前記1.記載の貸付元金8,00円（→（正）金8,000,000円）とこれに対する貸付日の翌日である平成22年６月１日から返済期限である平成22年10月31日まで年２パーセントの割合（１年に満たない日数は年365日の日割計算）による未払利息金の残金66,654円（→（正）金66,630円）及び，返済期限の翌日である平成22年10月31日（→（正）11月１日）から支払済みまで約定利率年14パーセントの割合（１年に満たない日数は年365日の日割計算）による遅延損害金の各支払いを求める。

証　拠　方　法

1．甲第１号証（金銭消費貸借契約証書）　　１通

添　付　書　類

1．甲号証写し　　１通
2．訴訟委任状　　１通

【書式】委任状

委　任　状

平成　年　月　日

住　所　大阪府吹田市○○○　○丁目○番○号

委任者　○　　○　　○　　○ ㊞

私議，弁護士○　○　○　○殿
（事務所住所　大阪市北区○○　○丁目○番○号　××ビル○○○号室）
（電話番号　06-6＊＊＊-＊＊＊＊　FAX番号　06-6＊＊＊-＊＊＊＊）
に，下記事件に関する各事項を委任します。

記

第1　事　件

1　相　手　方　○○○○，△△△△，××××

2　官　署　等　大阪地方裁判所

3　事　　　件　貸金返還請求事件

第2　委任事項

1　上記事件の訴訟行為，訴えの取下，和解，請求の放棄，請求の認諾，控訴・上告・抗告・上告受理の申立及びそれらの取下，調停申立及び調停行為，反訴の提起，手形・小切手異議申立及びその取下，取下同意，弁済金物の受領，保管金納入及び受領，復代理人選任

2　担保保証の供託，同取消決定の申立，同取消に対する同意，同取消決定に対する抗告権の放棄，権利行使催告の申立

3　供託書還付請求，供託物及び利息利札の払渡請求並びに受領

4　債権届出，債権者集会及び債権調査期日への出席，議決権行使ほか債権者としての権利行使

5　民事訴訟法第360条（同法第367条第2項，第378条第2項による準用の場合を含む）による異議の取下及びその同意，民事訴訟法第48条（同法第50条第3項，第51条による準用の場合を含む）による脱退

5　初回期日の指定

裁判所です。初回期日の連絡です
ハイ
FAXを送りますから選んで返信して下さい
わかりました
ピピ〜
返信しよう〜！
期日請書
裁判所
表裏を逆に送ってきてる〜何にも書いてないよ〜
まっしろ…

「期日」とは，広い意味では，裁判所でなんらかの行為を行う日，訴訟手続で言えば，「裁判をする日」「判決をする日」と考えれば良いと思います。つまり，裁判所と当事者が，訴訟に関する行為をするための日時です。正確には，「口頭弁論期日」とか「判決期日」といいます。

(1) 期日指定

【事例5】 原告の代理人となって提起した訴訟について，裁判所から連絡がありました。

「新件の期日を決めたいのですが。平成○年第＊＊＊＊号，原告が○○○○，被告○○○の件です。よろしいでしょうか。」

さて，どのように応対したらよいでしょうか。

期日は，原則として裁判長が指定し（民訴93条１項），訴えの提起があったときは，裁判長は速やかに口頭弁論の期日を指定しなければならず（民訴139条，民訴規60条１項前段），訴えが提起された日から30日以内の日に指定しなければならないとされています（民訴規60条２項）。しかし，実際のところ，弁護士が原告代理人となって訴訟を提起した場合，裁判所書記官と原告代理人の間で電話連絡によって，期日の打合せを行っているのが実状でしょう。電話で初回期日の候補日と弁護士の予定（空いている日時）が一致するところで決めるのが一般的ですが，事務所（弁護士）によっては，一旦，期日の候補日のいくつかを聞いておき，後に弁護士に確認のうえ，裁判所書記官に連絡することもあるでしょう。

期日が決まれば，「請書（受書）」という書面を裁判所に提出します。これは，ファックスで送ることができます。

【書式】請　書

平成26年(ワ)第＊＊＊＊号　○○○○請求事件
原　　告　○　○　○　○
被　　告　×　×　×　×

請　　書

平成26年○月○日

東京地方裁判所　第○民事部　○係　御中

原告訴訟代理人　弁護士　○　○　○　○

頭書事件の口頭弁論期日（平成26年○月○日　午前10時30分）をお請けします。

さて，事例５では，裁判所から初回期日の打合せの連絡が入っています。もし，弁護士から，スケジュール調整を任されておりそのまま期日を決めることができるなら，都合のいい日を返答して，請書を裁判所に提出します。

期日を決めるのに，弁護士の了解をとる必要がある場合は，いくつかの候補日を聞いて弁護士に伝達のうえ，後日連絡する，としておけばよいでしょう。

最近は，裁判所から，初回期日の候補日をいくつかピックアップして，ファックスで原告代理人事務所宛に「連絡（事項）書」を送ってくることがあります。この場合は，候補日の中から，１つもしくは複数を指定して，裁判所に返送する形式がとられていることもあります。

【書式】連絡事項書

平成26年○月○日

平成26年(ワ)第＊＊＊＊号　　○○○○請求事件

原　告　　○　　○　　○　　○

被　告　　×　　×　　×　　×

原告代理人　弁護士　○　○　○　○　殿

東京地方裁判所　第○民事部　○係

裁判所書記官　○　○　○　○

TEL　03-3＊＊＊-＊＊＊＊＊　FAX　03-3＊＊＊-＊＊＊＊

連絡事項書（新件期日指定）

上記事件の初回期日につき，下記候補日時より期日を選び，期日請書部分に記入のうえ，FAXにて返信してください。

期限内に回答される場合は，裁判所への電話連絡は不要です（いずれの期日も都合が悪い場合には，電話連絡してください）。

記

平成26年○月○日　　午前10:00，10:15，10:30　　午後1:00，1:15

平成26年×月×日　　午前10:00，10:15，10:30

平成26年△月△日　　午前10:00，10:15，10:30　　午後1:00，1:15

使用法廷　5＊＊号法廷　回答期限は，○月○日　までです。

………………………………………………………………

期　日　請　書

上記事件につき，平成26年　　月　　日　　午前・午後　　時　　分の口頭弁論期日の呼出しを受けました。

原告代理人（担当）　　　　　　　　　　　　　　㊞

⑵　期日の変更

期日の指定は，裁判長の権限であり（民訴139条），裁判長の訴訟指揮権（民訴148条１項）に属するので，裁判長は，裁判官の急病や，災害などの事情がある場合，職権で期日の変更をすることができます（民訴120条）。また当事者からも期日変更の申立てができます（民訴93条３項，民訴規36条，37条）。

訴状等の書類が被告に送達できない（送達未了）状態で，最初に指定した期日が迫ってきているようなときは，初回期日（第１回目の裁判の日）を開くことができませんから，期日を変更する必要があります。また，初回期日は，（被告にあらかじめ訴訟代理人の弁護士がついている，もしくは弁護士がつく見込みがあるような場合を除いて）原則としては，被告の都合を聞いて決めることはありませんから，被告の側から変更申請がされることがあります。

【書式】期日変更申請書（被告側からの申請）

平成26年(ワ)第＊＊＊＊号　○○○○請求事件
原　　告　○　○　○　○
被　　告　×　×　×　×

期日変更申請書

平成26年○月○日

東京地方裁判所　第＊民事部　○係　　御　中

被　　告　×　×　×　×

頭書事件の　口頭弁論期日（平成26年○月○日午前×時×分）を以下の事由により変更されたく申請致します。

事　　由
初回期日には，すでに別件で出頭できないため。

そんな急に
言われても……
呼出状
平成○年
○月○日
きて下さい

6 送　達

裁判所です
訴状が不送達になりました
次はどこに
送達しますか?
ハイ
わかりました
とは
言ったものの……
相手の
居場所
なんて
知らないよ〜
どうしたら
いいの?
行方不明の
相手には公示送達
をするんだよ
今夜の
おかずは
公示送達
公示送達
はやく
とりに
おいで
公示送達
あ
オレだ!
行方不明
です

以下の事例で，それぞれどのように応対しますか？

【事例６】 原告の代理人となって提起した訴訟について，裁判所から連絡がありました。
「訴状等を訴状記載の被告の住所地に送達したのですが，『不在，留置期間満了』で返送されてきましたので，よろしくお願いします。」

【事例７】 原告の代理人となって提起した訴訟について，裁判所から連絡がありました。
「訴状等を訴状記載の被告の住所地に送達したのですが，『転居先不明』で返送されてきました。」

【事例８】 原告の代理人となって提起した訴訟について，裁判所から連絡がありました。
「訴状を被告に送達したのですが，『宛所尋ねあたらず』でしたので，次，よろしく～！」

「期日」が決まって，訴状などに不備がなければ，裁判長は裁判所書記官に命じて，訴状（副本）と期日呼出状を被告に送ります（民訴98条２項，138条１項，139条，民訴規58条１項）。これを「送達」といいます。正確に言えば，裁判所が「訴訟関係人に対し，法定の方式によって，訴訟上の書類を送ること」をいいます。

送達は，訴訟で被告となる者に対し，訴訟手続に関与または関与できる状態にさせ，主張・反論の機会（攻撃防御の機会）を与え，その結果得られた判決等の結論に拘束させる，という機能があります（「告知と手続関与の機会の保障」とよばれています）。つまり，訴訟に関与して，言いたいことを言って反論したり，主張が正しいと証明したりする機会を与えられ，それをやり尽くした結果，判決が出されるのだから，その判決には従わなければなりませんよ，ということです。逆に言えば，送達が適式にできていない（被告に訴状などが届いていない）にもかかわらず，何らかの手違いで送達できたことになっており，そのまま訴訟が進行すると，その手続は，意味のないものになってしまいます。

また，訴状が適式に被告に送達されると訴訟係属が生じ，期日呼出状が送達されたにもかかわらず，被告が当該期日に裁判所に出頭しなければ，被告敗訴の（欠席）判決が出されることもあり，また，判決が適式に被告に送達されると，控訴期間の進行が始まります（民訴285条）。つまり，送達が適式になされると，一定の（訴訟上の）効果が生じまたは生じ得る契機となります。

したがって，送達は重要な手続の１つといえます。

送達に似ているが，まったく異なる手続に「送付制度」というものがあります。これは，「送達」ほど厳格な方式によることを要しない書類の交付方法です。簡易な方法で足りる書類については，この方法が用いられています。

(1)（訴訟手続において）送達すべき書類

訴訟手続において，最初に被告宛に送達される書類は，

①　訴状（および書証写し）副本

②　口頭弁論期日呼出状及び答弁書催告状

が一般的で，これに加えて，答弁書の記載方法などについて書かれた注意書きが送られることもあります。

【書式】口頭弁論期日呼出及び答弁書催告状

事件番号　平成26年(ワ)第＊＊＊＊号
原　　告　○　○　○　○
被　　告　×　×　×　×

口頭弁論期日呼出及び答弁書催告状

平成26年○月○日

被　告　×　×　×　×　殿

東京地方裁判所　第○民事部　○係
裁判所書記官　○　○　○　○
TEL　03-3＊＊＊-＊＊＊＊
FAX　03-3＊＊＊-＊＊＊＊

頭書の事件について，原告から訴状が提出されました。当裁判所に出頭する期日及び場所は下記のとおり定められましたから，出頭してください。

なお，訴状を送達しますから，下記答弁書提出期限までに答弁書を提出してください。

記

期　　　　日	平成○年×月×日　午前10時15分 口頭弁論期日
出　頭　場　所	当裁判所第＊民事部第○○号法廷
答弁書提出期限	平成○年△月△日

・出頭の際には，この呼出状を上記出頭場所で示してください。
・また，期日には，印鑑と本人確認のための身分証明書（運転免許証等）を持参しておいてください。
・駐車場が狭いため，車での来庁はご遠慮ください。

コラム

送達された文書を送り返したら

被告となった人の中には（身に覚えがあるからでしょうか），裁判所に行きたくない，裁判に関わりたくない，という心情から，

「送達されたものを『受け取る意思はない』と添え書きをつけて送り返したら，送達されたことにならない」

と思っている人がいますが，そんなことはありません。このように考えている人が多いのは事実ですが，送達は，送達される人（受送達者）に文書が届くかどうかが問題であって，受送達者に受け取る意思があるか否かは問題ではありません。また，「送り返す」ということは，

「（被告本人に）届いた（送達された）から送り返す」

ということですから，「送り返す」＝「送達できた」ということを意味しているにほかなりませんし，送達の効力には影響しません。

⑵　送達の方法

1）交付送達

送達は，当事者に書類の内容を了知させることを確実にするために，送達すべき書類を直接交付する方法によるべきとしています。これを「交付送達の原則」（民訴101条）といいます。

交付送達の方法としては，一般には「特別送達」という郵便による方法が用いられています。特別送達は，配達員が「送達報告書」という書面に，受け取る者（受送達者）が押印または署名し，送達場所の住所を記載します。

2）交付送達―休日送達

特別送達により郵送したが，受取人が不在で送達できなかったとき（郵便局での留置期間内に受け取りに来なかったとき），差出人である裁判所に返送されます。

この状態では送達が完了していないので，次の送達の手段を考えます。通常，休日には送達場所に在宅していると考えられるので休日（土曜日・日曜日）に送達されるように上申します。これを「休日送達の上申」といいます。

【書式】再送達上申書（休日送達）

平成26年(ワ)第＊＊＊＊号　×××請求事件
原　告　○　○　○　○
被　告　△　△　△　△

再送達上申書（休日送達）

平成26年○月○日

東京地方裁判所　第○民事部　御中

原告訴訟代理人　弁護士　○　○　○　○

頭書事件について，被告に対し，訴状が不送達（不在）となっておりますので，訴状記載の被告の住所地へ，休日送達せられたく，上申致します。

3）交付送達―就業場所送達

通常の特別送達，休日送達以外の方法として被告の勤務先が判明しているときは，その勤務先へ送達する方法があります。これを「就業場所送達」（民訴103条２項）といいます。

【書式】再送達上申書（就業場所送達）

平成26年(ワ)第＊＊＊＊号　×××請求事件
原　　告　○　○　○　○
被　　告　△　△　△　△

再送達上申書（就業場所送達）

平成26年○月○日

東京地方裁判所　第○民事部　御中

原告訴訟代理人　弁護士　○　○　○　○

頭書事件について，被告に対し，訴状が不送達（不在）となっておりますので，下記被告の就業場所へ再送達せられたく，上申致します。

記

〒＊＊＊-＊＊＊＊　○○県○○市××町○丁目○-○○○
株式会社××商事　○○支社　営業部
△　△　△　△　殿

4）執行官送達

通常の特別送達，休日送達，就業場所送達でも送達ができないような場合で被告の住所地その他居住している場所が判明しているときは，その住居所へ執行官により送達する方法があります。これを「執行官送達」（民訴99条１項）といいます。

執行官送達申立ての手順としては，

「裁判所の担当部に『執行官送達の上申書』を提出」

↓

「送達すべき書類（訴状副本，期日呼出状など）を受け取る」

↓

「執行官室に『執行官送達申立書』と『送達すべき書類』を提出し，費用を納付する」

となります。

【書式】執行官送達上申書

平成26年(ワ)第＊＊＊＊号　×××請求事件
原　　告　○　○　○　○
被　　告　△　△　△　△

執行官送達上申書

平成26年○月○日

東京地方裁判所　第＊民事部　御中

原告訴訟代理人　弁護士　○　○　○　○

頭書事件について，被告に対し訴状などが不送達となっておりますので，被告に対する訴状の送達を執行官による送達の方法によりなされたく，上申致します。

送達場所　　〒＊＊＊-＊＊＊＊　○○市××区△△町＊丁目＊番＊号
受送達者　　△　△　△　△
送達書類　　訴状副本　　期日呼出状　　答弁書催告書及び注意書

受　領　書

上記書類，受領致しました。

平成26年○月○日

東京地方裁判所　第＊民事部　御中

原告訴訟代理人　弁護士　○　○　○　○

5）書留郵便に付する送達

特別送達で送達しても，相手が不在で受領しない場合，送達場所宛に書留郵便によって発送します。これを「書留郵便に付する送達（付郵便送達）」といいます（民訴107条）。

これは，その住所地を調査した結果，被告がそこに居住していることが判明しているが，被告自身が受領しないとき，その住所地へ書留郵便で発送することで，発送と同時に送達があったものと擬制する制度です（民訴107条３項）。つまり，訴状等を受け取らないことで被告に生じる不利益・不利な状況は，被告がそこにいるにもかかわらず（訴状を受け取ることができるにもかかわらず），敢えて受け取らないことを選択したことで生ずるのだからしょうがないよ，ということです。

【書式】書留郵便に付する送達の上申書

平成26年(ワ)第＊＊＊＊号　×××請求事件
原　告　○　○　○　○
被　告　△　△　△　△

書留郵便に付する送達の上申書

平成26年○月○日

東京地方裁判所　第＊民事部　御中

原告訴訟代理人　弁護士　○　○　○　○

上記当事者間の頭書事件につき，被告に対し訴状が不送達となっておりますが，被告は，訴状記載の住民票上の住所地に居住しているものの，通常の送達方法では送達できず，就業場所も不明なので，訴状を被告の住民票上の住所地へ書留郵便に付する送達に拠り送達せられたく，この旨上申致します。

6）公示送達

住民票の写しに記載されている住所地に送達しても，「転居先不明」により不送達になることがあります。その場合は，再度，新たな住民票の写しを請求してみると，訴訟提起直後に転居しているようなこともあります。その場合は，新たな住所地に送達を試みればよいのですが，住民票上の住所が移転していないこともあります。

また，送達先の住所地が存在しないような「宛所尋ねあたらず」という理由で不送達になることもあります。

このようなときは，被告は「行方不明」ということになります。

このように，被告が行方不明で特別送達や執行官送達，付郵便送達でも送達できない時，被告に対し，裁判所に出頭すれば送達すべき書類を交付する旨の掲示を裁判所内の掲示板にすることによって，送達を行います。これを「公示送達」といいます（民訴110条１項）。

【書式】公示送達申立書

平成26年(ワ)第＊＊＊＊号　×××請求事件
原　　告　○　○　○　○
被　　告　△　△　△　△

公示送達申立書

平成26年○月○日

東京地方裁判所　第＊民事部　　御中

原告訴訟代理人　弁護士　○　○　○　○

上記当事者間の頭書事件につき，訴状の送達につき，被告の現住居所・勤務先が不明であり，その他，送達すべき場所もしれず，通常の手段によっては送達することが出来ないので，被告に対し，公示送達の方法に拠り送達せられたく申立致します。

(3)　事例の検討

以上を踏まえて，事例を検討してみます。事例６から事例８まで，裁判所書記官の口調をいろいろあげてみましたが（少々，事例８はくだけすぎですが），実際には，次にどのようにしてください，と言われないことも多いです。これは，どのようにするかは，そちらで考えてください，ということだと思ってください。このまま，訴訟を続けるか取り下げるか，次の送達は，どこ宛てにするか，そういうことを原告側で考えてください，ということです。言い方は，いろいろありますが，要するに「訴状等を訴状記載の被告の住所地に宛てて送達したのですが，○○○という理由で裁判所に返送されてきました。次の送達方法をどうするかについて，上申してください」ということを言っているのです。

1）事例6

事例6では，訴状記載の被告の住所地に宛てて訴状等を送達したが，「不在」だったということなので，被告はまだここに住んでいるがたまたま留守だった，と思われます。そうなると，次の手段としては，「休日に送達するという方法（休日送達の上申）」を考えます。

ただ，この事例のようなケースでは，通常の送達で不在で不送達となると，裁判所書記官が，引き続き休日送達を既に行っているということもあり，その休日送達も不在で不送達になった，ということもあります。

ですので，裁判所書記官から連絡があった段階で，「休日送達まで既に行っているか，その休日送達が不在で不送達になったのか」をまず確認して，「未だ休日送達をしていない」のであれば「休日送達の上申」をすることになりますが，「休日送達もしたが，不在で不送達だった」という場合は，「被告の勤務先などの就業場所が判明している」ならば，「就業場所送達の上申」をすることになるでしょう。

被告の就業場所が判明していない，わからない，その他，送達すべき場所がわからないのであれば，

① 「被告がその住所地にまだ居住している」ならば「書留郵便に付する送達上申」

② 「不送達の理由が『不在』となっているが，『住民票の写し』を新たに取り寄せて確認してみると，訴訟提起後に転居していた」ならば，新たな転居先への「再送達上申」

③ 「『住民票の写し』を新たに取り寄せて確認してみると，住民票の異動をしていなかったが，現地（被告の住所地）に行ってみると，だれも住んでおらず，近隣でたずねたら，数か月前から（被告の）姿を見

かけなくなった，との証言を得た」ならば，行方不明として「公示送達申立て」

をすることになるでしょう。

2）事例7・事例8

事例7と事例8では，いきなり「転居先不明」・「宛所尋ねあたらず」となっているので，念のため，新たに「住民票の写し」を取り寄せて，被告の転居の確認をします。その結果，

① 「住民票が異動しており，新たな住所地が判明した」ならば，新たな転居先への「再送達上申」

② 「住民票は異動しておらず，現地（被告の住所地）に行ってみると，空き家となっており，近隣でたずねたら，数年前に引っ越して，どこに行ったか知らない，どこに勤めていたのかも知らない，との証言を得た」ならば，行方不明として「公示送達申立て」

をすることになるでしょう。

コラム

転送先に送達された場合

被告などの送達名宛人が郵便局に転送届けを提出している場合，その転送先に送達され，送達報告書には，転送先の住所が記載されます。その転送先が訴状記載の住所地と異なる場合は，調査しなければなりません。調査の対象となる事柄ですが，以下の場合で異なります。

① 転送先で受領した者と送達名宛人が同姓同名の場合

転送先の受領者と送達名宛人が同一人物であることが調査事項になります。具体的には，転送先住所地を訪ねて，そこにいる人に会って確認することになるのですが，難しいこともあります。できれば，今後の

（被告の）送達場所を転送先住所にするよう裁判所に届出て貰えればよいのですが，実際上は，そこまでするのはなかなか難しいものです。

② 転送先で受領した者と送達名宛人が異なる場合

（裁判所の当該事件記録に編綴されている）送達報告書に受領者の名前と，受領者と送達名宛人の関係（従業者，同居人など）が記載されている欄があります。それを確認の上，転送先住所地を訪ねて，そこにいる受領者に会って送達名宛人との関係と送達すべき書類が送達名宛人に手渡されたことを確認することになります（これもなかなか難しいものです）。

行方不明の相手を訴えられるのか

一般に，訴訟の相手が行方不明でどこにいるかわからない場合は，訴訟をすることができない，と思っている人もいるようですが，行方不明の相手であっても，公示送達によって送達することができます（送達されたとみなされます）ので，訴訟を提起することはできます。行方不明になると，自分に訴訟が提起されて不利な判決が出る可能性が高いのですが，それは行方不明になった本人の責任ですので，原告には関係のないことだからです。

「宛所尋ねあたらず」のように，存在しない住所があるのか

過去に居住していた住所が，その後の環境の変化により，その住所がなくなることはあります。実際にあった例でいうと，

「○○市○○町６丁目11番６号」

という住所があり，ここに被告が居住しており，この住所で住民登録をしていましたが，住民登録をそこに残したまま行方不明になりました（住民登録上は，その人はそこに居住していることになっています）。その後，その住所（11番６号）の建物が取り壊され，隣の

「○○市○○町６丁目11番５号」

にあったガソリンスタンドが拡張し，11番６号の土地まで広がり，以前は11番５号と11番６号と分かれていた部分が一つになって11番５号となりました。

その結果，11番６号という住所は，事実上なくなってしまい，被告の住民登録だけが残った形になりましたので，この被告の住所宛に送達しても，

「宛所に尋ねあたりません」

という理由で，不送達ということになりました。

住んでいない住所をそのままにしておくと「職権消除」

あまり見る機会はないかもしれませんが，除かれた住民票（除票）の中には，除かれた理由が

「職権消除」

となっていることがあります。これは，住民登録をそのままにして，行方不明になってしまった人のように，住民登録はしているが現実には住んでいないような場合，一定の状況（住民票記載事項に疑義が生じた，親族及び同居人から，不現住者である旨の申出があった，近隣の住民等から，不現住者である旨の通報があった，発送した郵便物等が返戻され，不現住者の疑いが生じた，など）がある場合，調査をした上で，市区町村長の権限で住民登録を消除する制度です。

訴訟の相手（被告）が，このようになっている場合は，被告の最後の住所が当該住所地で，ここを調査して，不在住，不現住であることを確認して報告書を提出すれば，公示送達によって送達されることになるでしょう。

送達場所

「送達場所」とは，受送達者（送達されたものを受け取る人）に対して，書類を交付する場所で，広くは「当事者の住所」「就業場所」「居所」などがあります。

これに関し，「送達場所届出制度」というものがあります。これは，送達の困難を解消するため，当事者・法定代理人に送達を受ける場所を届け出る義務を課し（民訴104条１項），そこで送達を行い（民訴104条２項），その送達ができなかったときは，届出場所に宛てて，「書留郵便に付する送達（付郵便送達）」をすることができる制度です（民訴107条１項２号）。

当事者自身が

「ここに送達してください」

とするものなので，そこで送達できなかったときは，付郵便送達ができることになるのです。

7　答弁書・準備書面

訴えられましたね
答弁書
書かなきゃ
依頼者
先生!
こんなの
きました
答弁書を
出してきて
ハーイ!
ハイ
答弁書です
委任状
ありませんよ
あ!
依頼者から
もらうの
忘れた!

⑴　準備書面

「準備書面」とは，当事者が口頭弁論または弁論準備手続において陳述しようとする主張および反論を記載して裁判所に提出する書面で，訴えの提起から口頭弁論の終結に至るまで必要に応じて適時提出されます。被告が，訴状に記載されている原告の主張に対して，最初に提出する準備書面を「答弁書」といいます。

準備書面の記載事項としては，当事者名，事件の表示（事件番号・事件名），作成年月日，裁判所の表示（担当部，係名まで記載することが多い），附属書類の表示，請求を理由付ける事実，抗弁事実，証拠などです（民訴規２条１項，79条２～４項）。

⑵　被告代理人の立場―答弁書の提出

裁判所は，被告に対し，訴状の副本と第一回口頭弁論期日（初回期日）の呼出状とともに，答弁書提出の催告書を送ります。

多くのケースでは，この訴状等の書類が被告に送られてきたときに，被告は，自分に対して訴えが出されたことを知り，弁護士のところに相談に行くことになるので，弁護士が被告の代理人として依頼を受けるのは，この後になります。

答弁書は，準備書面の一種であり，答弁書を提出しておけば，最初の口頭弁論期日（初回期日）に欠席しても，答弁書に書いてあることを法廷で陳述したものと扱われます（「擬制陳述」といいます）。反対に，答弁書を出さず，初回期日にも欠席すると，被告は原告の主張を争わないものとみなされ（「擬制自白」といいます，民訴159条３項），原告勝訴（被告敗訴）の判決が出されます。ですから，弁護士が被告の代理人となった場合，答弁書を作成するので，事務職員としては，初回期日前に裁判所と相手方（原告代理人）に対し，答弁書を提出することが仕事となります。

(3) 提出要領

「答弁書その他の準備書面は，これに記載した事項について相手方が準備をするのに必要な期間をおいて，裁判所に提出しなければならない」（民訴規79条１項）と規定されています。また，「裁判長は，答弁書もしくは特定の事項に関する主張を記載した準備書面の提出または特定の事項に関する証拠の申出をすべき期間を定めることができる」（民訴162条）とあり，その期間に遅れないように提出する必要があります。

準備書面は，原則として，相手方（受領者）に直送しなければならず（民訴規83条１項），直送を受けた相手方（受領者）は，その準備書面を受領した旨を記載した書面（受領書）を相手方（発送者）と裁判所に直送しなければなりません（民訴規83条２項）。直送の方法としては，ＦＡＸや郵送が多く利用され，発送する書面と共に，送付書を添付するのが一般的です。この送付書は，特に様式が決まっているわけではないので，受領書の欄を設けている書式が多く使われています。

【書式】FAX送付書

送　　付　　書	
地方裁判所　　　　　支部　第　　　民事部　　　　　係　御中 弁護士　　　　　　　　殿 下記の事件につき，「送付書類」欄記載の書類を送付します。これを受領した代理人は，下段「受領書」部分に記名捺印のうえ，当職と裁判所にこの書面を送付してください。 平成　　年　　月　　日 （原告・被告）代理人弁護士　　　　　　　　　　　　　　　　　　　印 （TEL　　　－　　　－　　　，FAX　　　－　　　－　　　）	
事件	平成　　年（ワ・　・　）第　　　　号　　　　　　請求事件 原告：　　　　　　　　　被告： 次回期日　平成　　　年　　　月　　　日　　　　時　　　分
送付書類	送付書を除く送付枚数　計　枚 □答弁書・準備書面（平成　　年　　月　　日付）　　　　　　枚 □甲・乙・第　　　号証　から第　　　号証　　まで　　　　　枚 □証拠申出書（平成　　年　　月　　日付）　　　　　　　　枚 □証拠説明書（平成　　年　　月　　日付）　　　　　　　　枚 □　　　　　　　　（平成　　年　　月　　日付）　　　　　枚 □　　　　　　　　（平成　　年　　月　　日付）　　　　　枚 ※次の書面につき，後日正式書面としてクリーンコピー提出 □送付した書面全部□答弁書・準備書面□書証□

受　　領　　書
地方裁判所　　　　　支部　第　　　民事部　　　　　係　御中 （原告・被告）代理人弁護士　　　　　　　　　　　　　　　　殿 上記書類を受領しました。 平成　　年　　月　　日 （原告・被告）代理人弁護士　　　　　　　　　　　　印

※　準備書面の直送を受けたときは，この（↑）受領書の欄に必要事項を記載したうえで，裁判所及び相手方代理人に当該書面を送付することとなります。

【FAX送信できない書類】

書　類　名	根　拠　条　文
補助参加申出書	民訴43条１項，民訴規20条
独立当事者参加申出書	民訴47条，民訴規20条３項
訴状	民訴133条１項，138条
反訴状	民訴146条，133条１項
証拠保全の申立書	民訴235条
控訴状	民訴286条，289条
上告状	民訴314条，313条
上告受理申立書	民訴318条
抗告状	民訴331条本文，286条，289条
訴えの変更	民訴143条３項，民訴規58条２項
受継の申立書	民訴124条
訴えの取下書	民訴261条
請求の放棄，認諾	民訴266条
控訴の取下書	民訴292条，261条３項
上告理由書	民訴315条
上告受理申立理由書	民訴318条，315条

代理人のいない相手方当事者と訴訟を行っている事件（本人訴訟）では，受領書が返送されない，そもそも，送付した書面そのものを受け取らない，「訴訟の相手からの嫌がらせ」だと思い込む，など準備書面の直送を困難とする事由がある場合には，担当書記官にその事情を説明し，正本および相手方の人数分の副本を裁判所に提出して裁判所から相手方に送達してもらうことができます。

コラム

「準備書面」であってもFAXで提出できない書面

原告が提出する「準備書面」の内容が「請求の拡張」，「請求の減縮」，「訴えの変更」にあたるような（請求を変動させる内容である）場合は，その準備書面を被告に送達する必要があるので　ＦＡＸで提出することはできません。

ただ，このような場合は，ほとんどの弁護士は，「請求の拡張申立書」「訴えの変更申立書」などの表題の書面を作成するでしょうから，あまり心配しなくてもいいかもしれません。

8　証拠（書証・人証）

あしたの裁判のために
書証をつくって
この順番で
1号証からね
わかりました
得意だもん
ていねいに…
甲1号証
できた！
この事件では
被告代理人だから
乙号証だよ
甲1号証
まちがえてた～
やり直しだ…

(1) 証　拠

民事訴訟では，当事者間で争いのある事実は，当事者の提出した証拠に基づき，裁判所が，その存否を認定するので（民訴179条～），証明を要する事実を主張するならば，それを証する証拠を提出しなければなりません。また，時機（時と機会）に遅れて証拠を提出した場合は，事情によっては，認められないことがあります。

裁判所に提出する証拠は，物証（物の証拠）である書類・写真等と人証（人の証拠）である証人の証言や当事者本人の供述があります。

(2) 書　証

書証は，証拠調べ期日に，書証として提出されたものの「原本」を裁判所で呈示して，「原本」を見る（調べる）ことをします。ですので，証拠調べ期日前に原本を裁判所に提出してしまうと，証拠調べ期日の当日に，当事者が呈示できるものがなくなるので，事前に裁判所には，書証となるものの「原本」のコピーを提出します。この提出するべきもののコピーをとり整理することを「書証を作成する」もしくは「書証を作る」といいます。

この「書証を作る」ことを，事務職員の仕事としている事務所が多いです。この作り方はしっかりとマスターしておくべきでしょう。

1）書証の作り方

まず，書証とするもの（書類など）のコピーをとります。基本的に用紙はA4，A3サイズを使い，A4サイズに入るもの（A4，B5など）はA4サイズで，A4サイズに入らないもの（A3，B4など）はA3サイズでコピーをとります。その際，用紙の左側にある程度の余白（綴じ代）がとれるように（書類の内容が綴じ穴で分からなくならないように）考慮してコピーします。

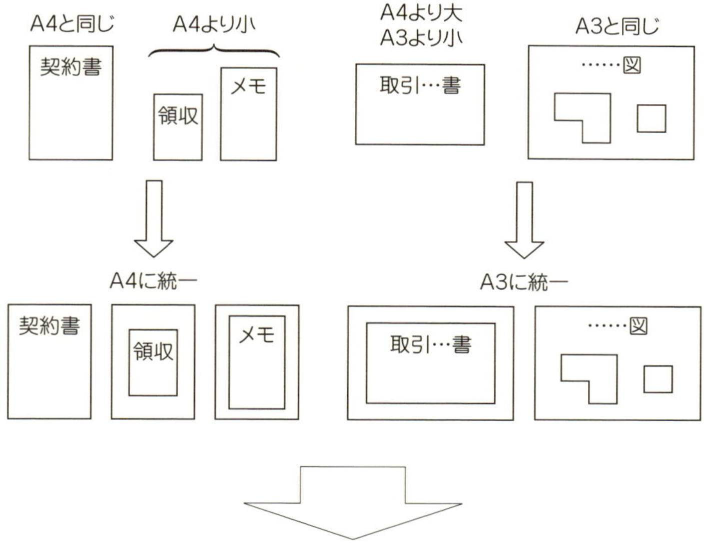

A3サイズのものは折って，すべてをA4サイズに統一して整えます。

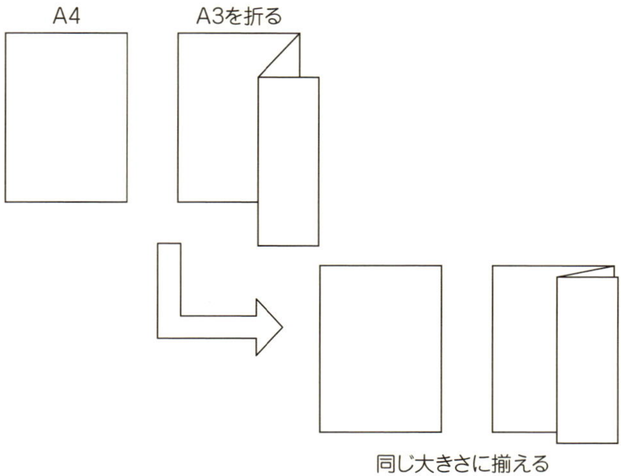

コピーの右上（右肩）部分に，書証番号を付します。民事訴訟で，二当事者対立（原告１名，被告１名）の場合は，原告の提出する書証を「甲号証」，被告の提出する書証を「乙号証」とよび，それ以上に当事者が増える場合，「丙号証」「丁号証」「戊号証」などを使います。番号の付け方は弁護士の指示に従います。

（例） 原告代理人として，契約書，印鑑登録証明書，不動産登記事項証明書の順で番号を付して書証を提出する場合。

契約書　→　甲第１号証
印鑑登録証明書　→　甲第２号証
不動産登記事項証明書　→　甲第３号証

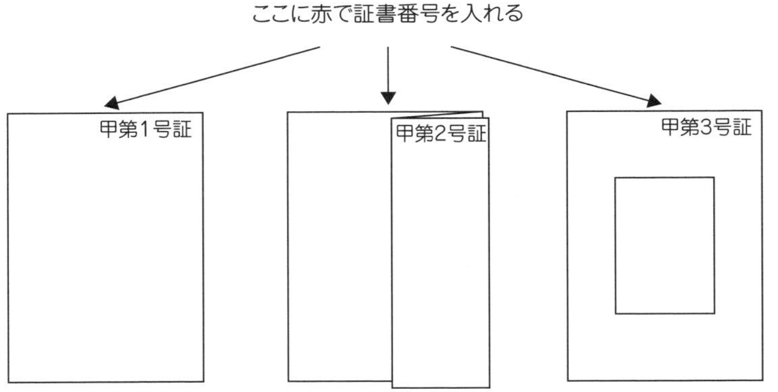

また，１つの書証が複数の文書で構成されている場合（内容証明郵便の通知文と配達証明書のような場合），書証番号は１つで，それぞれに枝番を付けることもあります。

（例）　内容証明郵便の通知文と配達証明書を甲第３号証として提出する場合。

内容証明郵便の通知文　→　甲第３号証の１（または甲第３号証‐１）
郵便物配達証明書　　　→　甲第３号証の２（または甲第３号証‐２）

２）書証の提出方法

書証は，証拠説明書とともに提出します（民訴規137条１項）。提出する通数は，「裁判所＋相手方の数」です。このとき，裁判所に提出するものを「正本」，相手方に渡す分を「副本」と表記します。

（例）　１．被告が１名の場合　→　２部（正本１部，副本１部）
　　　　２．被告が３名の場合　→　４部（正本１部，副本３部）

書証と証拠説明書は，ＦＡＸによる直送ができます（民訴規137条２項）。ＦＡＸで送信すれば，内容が不鮮明になって判別しにくくなるようなおそれがある，または，数量が多く，ＦＡＸで送るには時間がかかるような大部な書証については，できるだけ持参または郵送する方がよいでしょう。

郵送の場合，書留（一般書留，簡易書留）や特定記録郵便，レターパックなどを使って，到達が確認できる方法を利用する方がよいでしょう。相手方に代理人弁護士がついていて，事務所が近隣にある場合は，持参する方が効率的かもしれません。

このほかに，提出する側の控え（つまり，自分用です）や依頼者など，関係者に渡すこともあるので，その分，作成しておく必要があります。関係者に渡すか否かは，弁護士の指示に従います。自分の事務所用の控えをつくる（残しておく）ことは，必須ですから，絶対に忘れてはなりません。

(3) 人　証

目撃者，関係者など，人が経験した過去の事実や事柄などを証言してもらうこともあります。このような人の供述内容を証拠にするのが「人証」です。裁判所は特別の定めがある場合を除き，何人でも証人として尋問することができます（民訴190条）。

第三者（証人）に対する尋問を「証人尋問」，当事者（原告・被告）に対して尋問を「当事者尋問（本人尋問）」といいます。

1）証拠の申出（証人尋問・当事者尋問の申出）

証人尋問，当事者尋問をするときは，あらかじめ「証拠申出書」を作成し，裁判所に提出します。「証拠申出書」には，証明すべき事実を特定し，これと証拠との関係を具体的に明示しなければなりません（民訴180条１項，民訴規99条）。証人尋問の申出をするときは，「尋問事項書」を２通提出します（民訴規107条１項）。「尋問事項書」は，尋問事項を記載した書面で，できる限り個別的・具体的に記載しなければなりません（民訴規107条２項）。

2）証人の出廷

証人は，裁判所から呼出状を送付して出廷させる方法，または，申請した当事者と同行して出廷する方法があります。証人に呼出状を送るなどの手続のため，申請人は呼出のための郵券（郵便切手）を裁判所に納付する必要があります。

証人は，旅費および日当を請求できます。その場合，申請人は旅費・日当のための費用を予納しなければなりません。ただ，証人は同行で，旅費および日当は放棄することが多いのが実状です。

【書式】証拠申出書

平成26年(ワ)第＊＊＊＊号　×××請求事件
原　　告　○　○　○　○
被　　告　△　△　△　△

証拠申出書

平成26年○月○日

東京地方裁判所　第＊民事部　御中

原告訴訟代理人　弁護士　○　○　○　○

頭書事件について，下記のとおり証拠の申し出をします。

1．証人の表示
〒＊＊＊-＊＊＊＊　東京都○○区○○町○丁目○-○
△　△　△　△（~~同行~~・呼出）

2．尋問事項
別紙尋問事項書記載のとおり。

【書式】尋問事項書

尋問事項書

1．証人の経歴について
2．証人が……したことについて
3．証人が……した経緯について
4．その他関連事項一切

3）証人尋問後の事務手続―証人尋問調書の謄写手続

尋問が終了したら，弁護士の指示により，証人尋問調書の謄写を請求することがあります（民訴91条３項)。

謄写の方法は，一般財団法人司法協会に謄写申請する場合，弁護士会に謄写請求する場合，謄写館に謄写請求する場合など，各裁判所によって異なることが多いので，必ず，方法を確認し，請求するようにします。

9　複数の請求（訴えの客観的併合）

(1) 訴えの客観的併合

「訴えの客観的併合」というと，いかにも難しそうな感じがしますが，それほど難しいことではありません。１人に対して複数の債権（請求権）があるときに，すべての債権を１つの訴訟で請求する場合です。つまり「請求を併せる」＝「客観的併合」と考えればよいでしょう。

事例をもとに，考えてみます。

【事例９】 ＡさんはＢさんに対して，次の①②の債権があります。

① 500万円の貸金債権

② 200万円の売買代金債権

Ａさんは，Ｂさんに対して，①②について払ってもらうように裁判所に訴えを提起しようと考えています。

この場合，Ａさんは，

① 500万円の貸金の返還を求める訴訟

② 200万円の売買代金の支払いを求める訴訟

をそれぞれ別個に提起する（訴訟が別々に２件）ことも考えられます。しかし，同じ相手（Ｂさん）に対してですから，１つの訴えにできれば経済的ですし，訴えられるＢさんからしても，２つの訴えを出されると，それぞれ別々に対応しなければ（応訴しなければ）なりません。だったら，１つの訴えで，２つの請求をすれば，ＡさんもＢさんも訴訟１件に対応するだけですみます。

そこで，１つの訴えで，①②の債権を併せて（併合して）請求することとなります。このような方法は，法律事務では普通に（当たり前のように）使われています。事務処理のうえで，ポイントとなるのは，

① 訴訟物の価額の計算

② どこの裁判所に提出するか（管轄裁判所）

です。

⑵　訴えの客観的併合の場合の「訴訟物の価額」

「訴えの客観的併合」では，１人の被告に対して複数の債権（請求権）があるケースですので，「訴訟物の価額（訴額）」の計算については，以下の手順で考えればよいでしょう。

ポイントとしては，１）の段階で金額を誤らずに算定すること，２）３）のケースに当てはまるかどうかを判断することです。

１）（原則）各請求額を合算する―併合請求の訴額合算の原則（民訴９条１項）

請求しているそれぞれの訴額を合算します。算定が困難なもの，財産権上の請求でないものは，訴額を160万円とします。

２）（例外１）附帯請求不算入の原則（民訴９条２項）

果実，損害賠償，違約金または費用が１つの訴えにおいて，その発生する原因となった請求に併せて（附帯して）請求されている場合，それらの価額は訴額には算入せず，主たる請求の価額のみを基準として訴額を算定します。具体例としては

ａ）貸家となっている建物の明渡請求とともに，未払賃料を請求する場合

ｂ）元金とともに未払利息，遅延損害金を併せて請求する場合

などがあります。

３）（例外２）吸収関係（民訴費４条３項）

１つの訴えで「財産権上の請求でない請求」と「その原因から生じる財産権上の請求」を併せて訴えを提起するときは，両者を比べて，多額の方が訴訟物の価額となります。具体例としては，離婚請求訴訟で，離婚とともにそれを原因として発生する慰謝料を請求する場合，離婚請求は財産権上の請求ではないので，訴額は160万円とみなされ（民訴費４条２項），慰謝料請求と比して低い方が高い方に吸収されます（民訴費４条３項）。

また，財産分与を併せて請求した場合，財産分与額がいくら多くとも，訴額には加算しません。

(3) 訴えの客観的併合の場合の「管轄裁判所」

「訴えの客観的併合」で，管轄となる裁判所はどこになるかの問題ですが，条文では，

> **民事訴訟法第７条（併合請求における管轄）**
> 一の訴えで数個の請求をする場合には，第４条から前条（第６条）まで（第６条第３項を除く。）の規定により一の請求について管轄権を有する裁判所にその訴えを提起することができる。ただし，数人からの又は数人に対する訴えについては，第38条前段に定める場合に限る。

とあります。客観的併合では，下線の部分がポイントになります。つまり，一つの請求について訴えを提起する場合の管轄裁判所にその他の訴えも併せて提起できる，ということです。

先の例で具体的に考えてみましょう。

事例９で，仮に，①で返済する場所の取り決めがなく，②では，代金の支払場所をＢさんの自宅としていたとします。

そうすると，①の貸金返還請求訴訟の管轄となる裁判所は，

ａ）Ｂさんの自宅住所地を管轄する地方裁判所（Ｂさんの普通裁判籍）

ｂ）Ａさんの自宅住所地を管轄する地方裁判所（義務履行地）

となり，次に②の売買代金支払請求訴訟の管轄となる裁判所は，

ｃ）Ｂさんの自宅住所地を管轄する地方裁判所（Ｂさんの普通裁判籍および義務履行地）

となり，②の訴えについては，Ａさんの自宅住所地を管轄する地方裁判所には管轄権がないことになりますが，民事訴訟法７条では，「１つの請求について訴えを提起する場合の管轄裁判所にその他の訴えも併せて提起できる」のですから，「①の訴えを提起する場合の管轄裁判所に②の訴えも併せて提

起できる」ということになります。つまり，②の訴えについては，Ａさんの自宅住所地を管轄する地方裁判所には管轄権はありませんが，①の訴えと併せて提起することで，②の訴えもＡさんの自宅住所地を管轄する地方裁判所に提起することができる，ということになります。

ただし，この規定は，併合する請求の管轄裁判所が専属管轄である場合は，適用されません（民訴13条１項）。

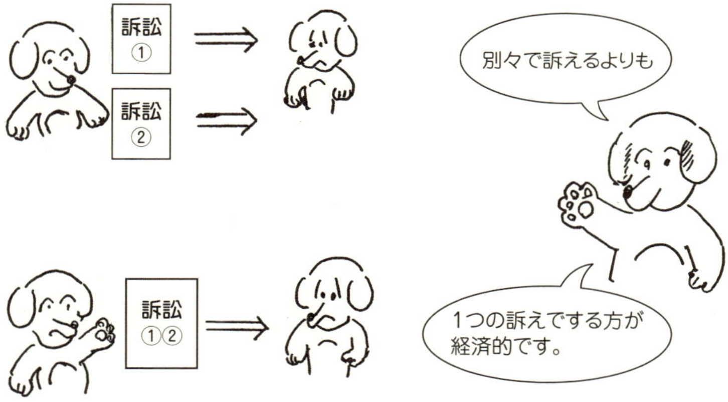

10 当事者が複数の訴訟（訴えの主観的併合）

1つの訴訟で
2人以上の人を
訴えることができるのは
どんなとき？
えっ……
えっとぉ……
主債務者
連帯保証人
このように請求の原因が
法律上同一である場合は，
1つの訴えで提訴できます
ハイ
賃金
売買代金
2つの請求が全く
無関係ならば
1つの訴えには
なりません
わかりました

(1)　訴えの主観的併合

言葉が難しそうに聞こえますが，法律事務職員として理解しておかなければならないことは，そんなに難しくはありません。「客観的併合」は，請求が複数ある場合でしたが，「主観的併合」は，当事者（原告または被告）の一方または双方が複数いる場合です。

またまた，事例で考えてみましょう。

【事例10】 Aさんは Bさんに対して，500万円の貸金債権があります。Bさんに対する貸金については，Cさんが連帯保証人となっています。Aさんは，

① Bさんに対し，主たる債務者として500万円を支払うように訴えを提起する

② Cさんに対し，連帯保証人として500万円を支払うように訴えを提起する

ことを考えています。

この場合，Aさんは，Bさんに対する訴えとCさんに対する訴えを別個に提起する（訴訟が別々に２件）ことが考えられます。しかし，そうなると，AさんはBさんに対する訴訟とCさんに対する訴訟を別個に対処しなければならないし，費用もそれぞれの訴訟について必要となります。

このようなケースで，民事訴訟法では，

民事訴訟法第38条（共同訴訟の要件）

訴訟の目的である権利又は義務が数人について共通であるとき，又は同一の事実上及び法律上の原因に基づくときは，その数人は，共同訴訟人として訴え，又は訴えられることができる。訴訟の目的である権利又は義務が同種であって事実上及び法律上同種の原因に基づくときも，同様とする。

とあります。ここで「権利義務が共通な場合」としては，

ⅰ）共有物に関する共有者に対する訴訟（民249条）

ⅱ）債務が不可分である場合の債務者（民430条）

ⅲ）債務が連帯債務である場合の債務者（民432条）

ⅳ）主たる債務者と連帯保証人に対する請求（民454条）

があり，「同一の原因に基づく場合」の例としては，

ⅴ）共同不法行為の債務者（民719条）

ⅵ）人事訴訟の共同訴訟（人訴12条２項）

があります。

このように，複数の人に対する訴えを１つの訴えとしてまとめてしまうことは，実際によく使われています。法律事務を行ううえで注意することは，客観的併合の場合と同じく

①　訴訟物の価額の計算

②　どこの裁判所に提出するか（管轄裁判所）

です。

⑵　訴えの主観的併合の場合の「訴訟物の価額」

併合請求では，原則として，訴訟物の価額（訴額）は各請求の額を合算しますが，各請求について利益が共通している場合は合算しません（民訴９条１項但書)。この「利益が共通する」ケースとして，典型的な例は，

ａ）主たる債務者と連帯保証人に対する請求

ｂ）数人の連帯債務者に対する請求

でしょう。数人の相手に対して，個別に訴えを提起すると，それぞれについて費用が必要となるのですが，このように数人に対し，１つの訴えで提起すれば，各人に対する請求は共通しているので，１人に対する訴えの手数料だけですみます。

(3)　訴えの主観的併合の場合の「管轄裁判所」

条文は，客観的併合と同じく，民事訴訟法７条ですが，主観的併合については，その但書の部分が重要です。条文では，

> **民事訴訟法第７条（併合請求における管轄）**
> 一の訴えで数個の請求をする場合には，第４条から前条（第６条）まで（第６条第３項を除く。）の規定により一の請求について管轄権を有する裁判所にその訴えを提起することができる。ただし，数人からの又は数人に対する訴えについては，第38条前段に定める場合に限る。

とあります。つまり，

> **民事訴訟法第38条（共同訴訟の要件）**
> 訴訟の目的である権利又は義務が数人について共通であるとき，又は同一の事実上及び法律上の原因に基づくときは，その数人は，共同訴訟人として訴え，又は訴えられることができる。訴訟の目的である権利又は義務が同種であって事実上及び法律上同種の原因に基づくときも，同様とする。

とあるように，当事者数人について，訴訟の目的（訴訟物）である権利義務が

a）数人について共通であるとき

b）同一の事実上または法律上の原因に基づくとき

に民事訴訟法７条の規定を適用して，１人に対する訴えの管轄裁判所に，他の人に対する訴えを併せて提起することができます。権利義務が共通していたり，原因が同一のものである場合，被告相互間に関連性が認められるから，被告の負担も大きくはない，と考えるからです。

11　訴訟係属後に当事者が複数となる場合（訴訟参加・訴訟告知）

(1) 参　加

訴訟係属当初は，当事者が原告と被告だけだったけれど，審理を進めていくうちに，紛争を解決するためには，原告・被告以外の第三者を含めて審理した方がいい場合も出てきます。また，紛争の対象となっている権利に対して，原告・被告以外の第三者が権利主張してくることもあるでしょう。このように，当事者以外の第三者が訴訟に加入することを「参加」といい，補助参加（民訴42条），独立当事者参加（民訴47条），共同訴訟参加（民訴52条）があります。

訴訟に参加するか否か，どういう方法で参加するかは，弁護士の判断ですので，事務職員としては，参加できる準備を整えておく必要があります。

1）参加する訴訟の係属裁判所，係属部を調べる

どういう経緯で，参加する訴訟の係属が判明したのかによって，調べ方が違いますが，多くの場合，依頼者から「○○さんが，裁判をしているみたい」という情報があり，依頼者が，その「○○さん」から

① 係属裁判所

② 事件番号

などを聞いてきてくれるなど，依頼者自身からの情報により，係属裁判所，係属部が判明することが多いでしょう。

ただ，東京地方裁判所，大阪地方裁判所などの大都市の裁判所では，係属している事件数が多いので，調べるために時間を要します。

でも，依頼者が「○○さんが裁判していると思う」「しているんじゃないかな」など，あいまいな情報では，調べようがありません。依頼者の中には（テレビドラマの見過ぎで），弁護士なら何でも知っている，何でも調べられると思い込んでいる人がいますが，現実には，具体的な情報がなければ調べようがありません。

その他，係属している訴訟の当事者から，参加の要請がくることがあります。そもそも，係属している事件について，第三者を含めて審理し

た方がよいと考えられ，第三者に対して「参加してほしい」と言うという流れになるので，訴訟の当事者（こういう場合は，その代理人となっている弁護士）から情報を得ることができるでしょう。

2）依頼者から委任状をもらう

参加といっても，当事者の代理人となるのですから，委任状を忘れずに手配することが必要です。

3）次回期日の調整

既に係属している訴訟に加わるのですから，既に次回期日は決まっています。その日を裁判所に問い合わせて，弁護士のスケジュールを調整する必要があります。

4）訴訟記録の謄写

参加までに，訴訟が進行しているので，それまでの経緯を調べるために，訴訟記録の謄写が必要になることがあります。ただ，訴訟記録の謄写には費用がかかるので，弁護士の指示を待ちます。

場合によっては，原告か被告の代理人が協力してくれて，訴訟の一件記録を貸してくれたりコピーをくれることもあります（ただし，これはあくまでも先方の好意なので，協力してくれない場合もあります）。

⑵　訴訟告知

すでに係属している訴訟の当事者が，訴訟手続を通じて，第三者に訴訟係属の事実を通知することが「訴訟告知」です。

この場合，「訴訟告知書」というものが，第三者に送られてきて，訴訟係属の事実を知り得ます。この段階で，弁護士のところに相談にくることになるでしょうが，訴訟告知を受けて，補助参加するかしないかは，弁護士の判断ですので，事務職員としては，補助参加するとなったときに対応できるように，⑴と同様の準備をしておくとよいでしょう。

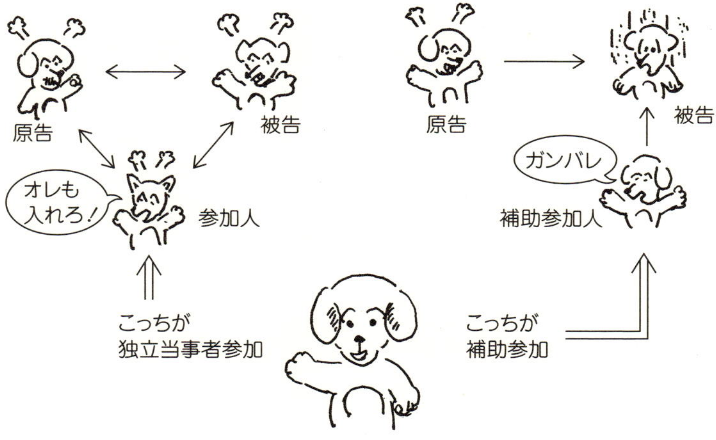
原告
被告
オレも
入れろ！
参加人
原告
被告
ガンバレ
補助参加人
こっちが
独立当事者参加
こっちが
補助参加

12 当事者の意思に従う訴訟の終了（取下げ，請求の放棄，請求の認諾，和解）

(1)　訴えの取下げ

1）取下げの手続

「訴えの取下げ」により訴訟は終了し，はじめから訴訟が係属していなかったことになります（民訴262条１項）。訴えは，原告から裁判所に対する審判の請求だから，原告が「もうやめます」「もう（裁判しなくても）いいです」というならば，裁判を続けることはない，だったら取り下げを認めましょう，ということです。しかし，原告が，「もう裁判しない」と言っても，被告が「（この訴訟でもめ事の原因を）はっきりさせたい，きちんと解決しておきたい」と考えることもあり得ます。被告がそう思うなら，原告が取り下げた後で，あらためて自分が原告となって裁判を起こせばいいのですが，それでは，せっかく継続した裁判を取り下げ，（当事者が逆になって）また同じ内容の裁判をする，ということになり，無駄で煩雑なことになります。それに，原告が訴えを取り下げても，再訴の禁止規定（民訴262条２項）に触れない限り，後日，再び同じ訴えを提起することができます。そうなると，被告はまたそれにつきあわされる事になります（紛争の蒸し返し）。

そこで，被告が，本案について，準備書面を提出し，弁論準備手続において申述し，または口頭弁論をした後であれば，（被告にも裁判を続ける利益があるので），原告が訴えを取り下げるには，被告の同意が必要となります（民訴261条２項本文）。

反対に，被告が本案について，準備書面を提出していない，弁論準備手続において申述していない，かつ，初回期日前であれば，原告は，被告の同意なしに訴えを取り下げることができます。

訴えは，判決が確定するまで，一部または全部を取り下げることができ（民訴261条１項），取り下げられると，訴訟係属が遡及的に消滅，つまり，最初からなかったことになります（民訴262条１項）。これは，判決が出された後でも同様なのですが，そうすると，せっかく審理して判決をしたことが無意味になりますし，原告が敗訴したら，訴えを取り下げ（敗訴した裁判は最初からなかったことにして），また同じ訴えを提起して，やり直すことができてしまいます。なので，本案について終局判決があった後に，訴えの取下げをしたら，後日，同一の訴えをすることができないとされています（再訴の禁止，民訴262条２項）。つまり，

ということです。

ただ，反訴が提起されているときは，少しイレギュラーなケースになります。

【事例11】　AがBに対して貸金返還請求の訴訟（本訴）を提起し，訴訟が係属した後に，BがAに対して，債務不存在確認の反訴を提起した。その後，AはBに対する訴え（本訴）を取り下げ，Bがそれに同意した。

この場合，Aが本訴を取り下げても，反訴はそのまま係属します。そのときに，B は（Aが本訴を取り下げたのだから）反訴を取り下げるというときには，BはAの同意なしに反訴を取り下げることができます（民訴261条２項但書）。これは，Aが本訴を提起したからBは反訴を提起したのであり，そのA自身が本訴を取り下げたのだからBが反訴を取り下げるにあたり（Aが白黒はっきりさせたいと思うのであれば，そもそも本訴を取り下げなければいいから）Aに反訴を維持する利益がないと考えるからです。

「訴えの取下げ」は，原則として，裁判所に取下書を提出して行いま

す（民訴261条３項本文）。取下書は，ＦＡＸによる直送はできません（民訴規３条１項２号）。

【書式】訴えの取下書（被告の同意がある場合）

平成26年(ワ)第＊＊＊＊号
　原　　告　＊　＊　＊　＊
　被　　告　×　×　×　×

訴えの取下書

平成26年＊月＊日

東京地方裁判所　第＊民事部　＊係　御中

原告訴訟代理人
弁護士　△　△　△　△

記

頭書事件について，原告は都合により訴えの全部を取り下げます。

上記取下げに同意します。

平成　年　月　日

被告訴訟代理人　弁護士　＊　＊　＊　＊

【書式】訴えの取下書（被告の同意がないまたは不要の場合）

平成26年(ワ)第＊＊＊＊号
原　　告　＊　＊　＊　＊
被　　告　×　×　×　×

訴えの取下書

平成26年＊月＊日

東京地方裁判所　第＊民事部　＊係　　御中

原告訴訟代理人
弁護士　△　△　△　△

記

頭書事件について，原告は都合により訴えの全部を取り下げます。

ただし，口頭弁論期日，弁論準備手続期日，和解期日では，口頭で取下げをすることができます（民訴261条３項但書）。

2）手数料の還付手続

口頭弁論を経ない却下の裁判の確定，または，第1回口頭弁論期日の前に訴えを取り下げた後，「手数料還付の申立て」をすると訴状に貼付した印紙額のうち，一定の金額が還付されます（民訴費9条3項1号）。還付を受ける金額は，納めた金額の1/2で，1/2の額が4,000円に満たないときは4,000円が還付されます。

たとえば，訴えの提起時に17,000円の印紙を貼付した場合，8,500円の還付を求めることになります。

申立後，裁判所が審査し，要件が満たされていれば，裁判所から還付決定が出されます。

その後，決定が確定すれば，この還付決定を裁判所の出納課（会計課）へ提出し，そこで渡される「還付金請求書」に必要事項を記入して提出します。後日，指定した口座に還付金が振り込まれます。

【書式】手数料還付申立書

平成26年(ワ)第○○○○号　　　　○○○○請求事件
原　　告　○　○　○　○
被　　告　×　×　×　×

手数料還付申立書

平成26年○月○日

東京地方裁判所　御中

申立人（原告）代理人　弁護士　△　△　△　△

上記当事者間の頭書事件につき，下記事由により手数料を還付されたく申し立て致します。

記

還付を求める理由
第一回口頭弁論期日前に取下げ，事件が終了したため。
1．納付した手数料　金17,000円
2．還付を求める手数料　金8,500円

請　　書

還付決定正本1通受領致しました。

平成26年　月　日

申立人（原告）代理人　弁護士　△　△　△　△

地方裁判所　　御中

【書式】手数料還付決定

事件番号　平成26年(ワ)第○○○○号
○○○○請求事件
申立人（原告）　○　○　○　○
申立人（原告）代理人弁護士　△　△　△　△

手数料還付決定

頭書事件につき，民事訴訟費用等に関する法律９条３項１号による手数料還付の申立てがあったので，当裁判所は，次のとおり決定する。

主　　文

申立人に対し，金8,500円を還付する。

平成26年○月○日

東京地方裁判所　第　民事部

裁判官　○　○　○　○　印

これは正本である。

平成26年○月○日
地方裁判所　第　民事部
裁判所書記官　○　○　○　○　印

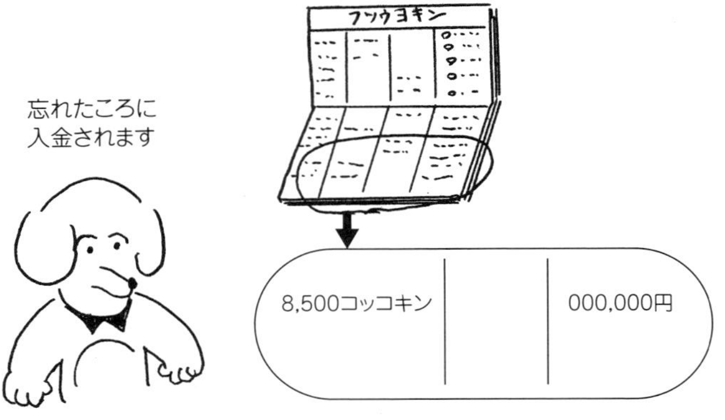

ただし，忘れたころに入金されるので注意が必要です。

⑵　訴訟上の和解・請求の放棄・請求の認諾

「訴訟上の和解」とは，当事者が譲歩して，訴訟を終わらせることをいいます。和解が成立した場合には，訴訟は終了し，裁判所書記官は和解調書を作成します。その調書は確定判決と同じ効力を認められ，債務名義として，強制執行をすることもできるようになります（民訴267条）。

「請求の放棄」とは，原告が自らの請求（主張している権利）に理由がないことを認める旨の裁判所に対する一方的な意思表示で，「請求の認諾」とは，被告が原告の請求に理由があることを認める裁判所に対する一方的な意思表示です。請求の放棄・請求の認諾があると，訴訟は終了し，裁判所書記官がその旨を調書に記載し（民訴規67条１項１号），その記載は，本案の確定判決と同一の効力を有します（民訴267条）。

和解調書，認諾調書は，判決正本とは異なり，当事者からの申請を待って送達されます。後日，強制執行する場合，和解調書，認諾調書が送達されていなければなりませんので，忘れないように送達申請をしますが，和解の場合，最近では，和解期日の場で，裁判所書記官が，口頭による申請を受ける

【書式】和解調書正本送達申請書

平成26年(ワ)第○○○○号　　　○○○○請求事件
原　　告　○　○　○　○
被　　告　×　×　×　×

和解調書正本送達申請書

平成26年○月○日

東京地方裁判所　第○民事部　　御中

原告訴訟代理人弁護士　△　△　△　△　㊞

頭書事件について，平成26年○月○日付和解調書の正本を当事者双方へ送達されたく申請します。

【書式】認諾調書正本送達申請書

平成26年(ワ)第○○○○号　　　○○○○請求事件
原　　告　○　○　○　○
被　　告　×　×　×　×

認諾調書正本送達申請書

平成26年○月○日

東京地方裁判所　第○民事部　　御中

原告訴訟代理人弁護士　△　△　△　△　㊞

頭書事件について，平成26年○月○日付認諾調書の正本を当事者双方へ送達されたく申請します。

ことが多いのですが，必ずしも口頭でするとは限らず，また認諾は法廷で為されるので，（他の事件の進行もあるので）認諾でその事件の審理が終了すると次の事件（別の事件）の審理に移り，口頭による送達申請を受けることができないことが多いです。そこで，そのような場合は，送達申請をしておく必要があります。

事務職員の仕事としては，この送達申請ができているかを確認することが大切なポイントとなります。

13 当事者の意思によらない訴訟の終了（判決）

判決に関すること
で事務職員が注意して
おくことはなんですか?
えっと…
まず，
上訴期間に注意しなければ
ならないので，
こちらに送達された日を忘れない
ことです
それから，こちらが執行する
場合があるので執行文の
付与申請の準備と相手に送達された
ことの証明（送達証明）が必要です
執行文
付与
つまり
送達ができているか
どうかですね
ハイ

(1)　判決の種類

テレビドラマでの刑事事件では，被告人が裁判官（裁判長）の前に立ち，「主文，被告人を……」と言い渡すシーンがありますが，民事事件では，判決期日に当事者が出頭していなくても判決言渡しが行われ，主文のみが読み上げられます。

判決の種類としては，「訴訟判決」と「本案判決」，「中間判決」と「終局判決」，「一部判決」と「全部判決」などがありますが，訴訟の終了原因としての典型は，「終局判決」で，通常，「判決」と言えば，これを意味します。

- 本案判決
  - 中間判決
  - 終局判決
    - 一部判決
    - 全部判決
- 訴訟判決

(2)　判決の言渡し

判決の言渡しは，原則として，判決書の原本に基づき，主文を朗読する方法によります（民訴252条，民訴規155条１項）。実際の判決言渡しは，判決期日に法廷に行ってみるとわかりますが，裁判官が壇上で事件番号，事件名と主文を読み上げて終わりです。

このほか，「言渡し方式の特則」として，被告が原告の主張事実を争わず，何らの防御方法も提出しない事件や，公示送達による呼出しを受けた被告が口頭弁論の期日に出頭しない事件で原告の請求を認容するときは，判決書の原本に基づかずに判決の言渡しができるとされています（民訴254条）。この場合，判決の原本がないということになります。この場合は，裁判所書記官は，その日の口頭弁論期日の調書に所要の事項を記載して，判決書に代わる調書を作成します（民訴254条２項）。これは「調書判決」とよばれています。

⑶　判決正本，口頭弁論調書（調書判決）の受領・送達，上訴期間の管理

判決期日の後，判決の正本が当事者に送達されます（民訴255条，民訴規159条）。弁護士が代理人となっている場合，代理人宛に送達されてきます。事務職員としては，判決正本を受領した日の翌日から上訴期間が経過しますから，上訴期間をしっかりと把握することが重要です。それには，立場に応じて対処を考える必要があります。

1）第一審で原告代理人となり，全面勝訴の判決の場合

控訴するのは被告（相手）ですので，こちらから控訴することはありません（というより「全面勝訴＝不服部分がない」ので，控訴できません）。判決の内容によっては，執行しなければならないこともあるので，その場合は，執行文付与申請や，送達証明書の手配をしなければなりません。また，登記手続を内容とする給付判決のように，判決の確定を経なければならない場合は，確定する日を把握しておく必要があります。そのためには，相手（被告）への送達日を確認しておく必要があります。

2）第一審で原告代理人となり，一部勝訴または全部敗訴の判決の場合

敗訴部分について，控訴することもあり得るので，判決正本の受領日と控訴期間（いつまでに控訴しなければならないか）をしっかり把握しておかなければなりません。控訴期間を徒過してしまうと控訴できなくなってしまいますので，細心の注意を払うようにします。

⑷　判決の確定

上訴できる当事者が上訴しないで上訴期間を経過したら，その判決は確定します。判決は，上訴期間の経過をもって確定するので，原則としては，上訴期間の最終日が終了したら確定する，と考えておけばよいでしょう。

上訴期間の末日が，日曜日・土曜日，国民の祝日に関する法律に規定する休日，１月２日，１月３日，12月29日から12月31日までの日にあたるときは，その翌日が上訴期間の満了日となります（民訴95条３項）。つまりは，月曜日に判決が確定することはありえないのです。

具体的に考えてみましょう。

次頁のカレンダー（○印は祝日）で考えてみます。

11月

日	月	火	水	木	金	土
＊	＊	＊	＊	1	2	③
4	5	6	7	8	9	10
11	12	13	14	15	16	17
18	19	20	21	22	㉓	24
25	26	27	28	29	30	＊

（ケース１）判決送達日が11月８日の場合。

上訴期間は，11月９日から始まり（民訴95条１項，民140条），そこから14日後の11月22日が満了日となり，11月23日が判決の確定日になります（11月26日ではありません）。

12月

日	月	火	水	木	金	土
＊	＊	＊	＊	＊	＊	1
2	3	4	5	6	7	8
9	10	11	12	13	14	15
16	17	18	19	20	21	22
㉓	㉔	25	26	27	28	29
30	31	＊	＊	＊	＊	＊

（ケース２）判決送達日が11月９日の場合。

上訴期間は，11月10日から始まり，そこから14日後の11月23日が満了日となりますが，11月23日は祝日となるため，翌日が満了日となるはずですが，翌日も土曜日となるため，結局，満了日は11月26日の月曜日となり，11月27日が判決の確定日となります。

1月

日	月	火	水	木	金	土
＊	＊	①	2	3	4	5
6	7	8	9	10	11	12
13	⑭	15	16	17	18	19
20	21	22	23	24	25	26
27	28	29	30	31	＊	＊

（ケース３）判決送達日が12月15日の場合。

上訴期間は12月16日から始まります。そこから14日後の12月29日が満了日となるはずですが，12月29日から１月３日までは，その翌日が満了日となるため（民訴95条３項），結局，満了日は１月４日の金曜日となり，１月５日が判決の確定日となります。

コラム

判決正本を受領する日について注意すべき場合

第一審の裁判で，弁護士が代理人としてついている場合，裁判所から電話がかかってきて，判決正本を裁判所の書記官室で受領することがあります。この場合，書記官室で受け取った日が送達日となりますから，もし，控訴するなら，その翌日から14日間以内に控訴しなければなりません。そういうケースで注意すべき場合として，いくつか挙げてみます。

①　控訴期間の満了日が年末年始にかかる場合

控訴期間の末日が12月29日から１月３日にあたるとき，控訴期間の満了日は１月４日になります。通常，１月４日は業務が始まっていると思われますが，控訴するためには，それ以前に準備（控訴状の作成，委任状の手配など）をしなければなりません。その準備が年末年始にかかってしまうと，思うように準備できないことがあります。

そこで，弁護士とよく打ち合わせをして，年末年始の判決の受領はどうするかを決めておく方がよいでしょう。

原告の代理人で，被告が欠席して，原告が全面勝訴の判決となるのがわかっているような場合は，普通に判決を受領してもよいでしょうが，被告が争っており，一部でも原告が敗訴するような事件の場合や，被告の代理人で，敗訴が濃厚かつ依頼者（被告）が控訴してほしい意向を明らかにしているような場合は，年末年始に控訴期間の満了日があたらないように，年明けに判決を受け取りに行くか，もしくは，事前に判決主文だけでも聞いておくなどの処置をしておくとよいでしょう。

②　代理人を辞任する予定の場合

滅多にないとは思いますが，口頭弁論の終結後，判決期日前に，依頼人との関係が悪化し，代理人を辞任するという場合，判決期日前に，裁判所に辞任届を出しておけばいいのですが，まだはっきりと辞任するかどうかわからないような状態で判決を受領してしまうと，その翌日から控訴期間が始まってしまいますので，依頼者は，控訴期間の満了と新たな代理人弁護士を探すことに追われ，また，弁護士にしても，辞任する予定なので，代理人となって控訴状を提出することもできません。
　そのような（雰囲気になっている）ケースの場合は，判決の受領前に，弁護士に確認をしておくべきでしょう。

14　上訴（控訴・上告）

上訴には，控訴と上告があって
上告と上告受理申立てはちがう…っと
たいせつなのは
ファールボールに
上訴期間に
ご注意下さい
ご注意下さい！

(1)　控　訴

1）控訴裁判所

簡易裁判所が第一審であるときは地方裁判所が（裁24条３号），地方裁判所が第一審であるときは高等裁判所が（裁16条１号），それぞれ控訴裁判所となります。

2）控訴期間，当事者の呼称

控訴は，控訴人となる当事者が判決正本の送達を受けた日から２週間以内に提起しなければなりません（民訴285条）。ただし，期間の末日が，日曜日，土曜日，祝祭日，１月２日，３日，12月29日から31日までにあたるときは，その翌日に満了することになります（民訴95条３項）。また，当事者の呼称は，控訴した者を控訴人，控訴された者を被控訴人といいます。

3）控訴状，添付書類

控訴の提起は，控訴状を第一審裁判所に提出して行います（民訴286条１項）。しかし，控訴状の宛先は，控訴裁判所となります。

控訴状に添付する書類は，「控訴状副本」「委任状」「（当事者が法人の場合）資格を証する書面」（資格証明書）です。

「控訴状」は相手方（被控訴人）に送達しなければならない（民訴289条１項）ので，控訴状の正本と共に，副本を相手方（被控訴人）の数だけ提出します。

「委任状」は，第一審の訴訟代理人に控訴の特別授権（民訴55条２項３号）がある場合（第一審で提出した委任状の委任事項として「控訴の提起」がある場合），新たに訴訟代理人の委任状を提出する必要はないはずなのですが，実務上は，控訴審での代理権の確認（委任事務処理契約がなされたことの確認）の意味で，控訴提起の段階であらためて訴訟委任状を提出することが多いです。

「（法人の）資格を証する書面」（資格証明書）は，法人の代表者等に変更がない場合（第一審の時から代表者に変更がない場合），あらたに提出する必要はないはずなのですが，控訴提起の段階で代表者に変更がないことを確認するために提出した方がよいでしょう。

4）控訴の手数料

控訴の手数料は，第一審で全部敗訴の場合は，第一審の1.5倍になります。一部敗訴の場合は，不服を申し立てる部分の訴額が控訴審の訴額となり，印紙額は，その訴額に対する第一審の額の1.5倍となります。

具体的に考えてみます。

【事例12】第一審で，原告の請求額（「被告は……支払え」の額）が300万円で，判決で100万円だけ認容され，その余が棄却された。

この事例では，原告の不服部分は200万円なので，それが控訴の訴額となり，それに対応する控訴の手数料分の収入印紙が必要となります。

5）控訴状の提出

控訴状を第一審裁判所に提出すると，控訴事件の受理番号（控訴裁判所が地方裁判所であれば「平成○年（ハレ）第＊＊＊＊号」，高等裁判所であれば「平成○年（ワネ）第＊＊＊＊号」）が付されます。

第一審裁判所では，控訴状の形式的審査をします。そして，控訴が不適法で補正ができないような場合は，控訴却下の決定が出されます（民訴287条１項）。

形式的審査で問題がなければ，訴訟記録が控訴裁判所へ送付され（民訴規174条），控訴事件の事件番号が付されます（控訴裁判所が地方裁判所であれば「平成○年(レ)第＊＊＊＊号」，高等裁判所であれば「平成○年(ネ)第＊＊＊＊号」）。その後，控訴審の初回期日の指定がされます。

コラム

控訴審の初回期日の指定での注意

これは，すべての裁判所で必ずしも採用されている方法とは限らないのですが，控訴審の初回期日を指定する前に，裁判所書記官が，被控訴人となった当事者について，第一審でその代理人となっていた弁護士に連絡をとり，「相手から控訴が出されたこと」を伝え，「控訴審も代理人となるかどうか」をたずね，代理人となるのであれば，委任状を提出してもらい，控訴状を交付（送達）し，控訴人代理人と被控訴人代理人の双方の都合のいい日を初回期日として指定しています。

これは，第一審で当事者双方に代理人がついていた場合，控訴審でもその弁護士が代理人となるケースが多く，それならば，最初からその双方の弁護士の都合のいい日を指定した方が無駄なく審理を進めることができる，ということから，とられている方法です。

ただ，事務職員レベルで注意しなければならないのは，控訴審の代理人となるかどうかは，依頼者（当事者）が委任して初めてわかることなので，依頼者の意向を確認しないまま「たぶん，代理人になると思います」とか，（顧問先だから，つきあいが長いからなどの理由で）依頼者が依頼してくれると勝手に判断して「代理人になります」と返答してしまうことのないようにしなければなりません。

たとえ，気心の知れた依頼者であっても，代理人となるか否かは，依頼者が決めることですから，裁判所から，連絡があったとき，いったん返答を保留して，弁護士に報告して，指示を仰ぐようにしなければなりません。

ただし，事前に控訴が予想され，依頼者と打ち合わせができており，弁護士からあらかじめ，控訴があった場合には，委任状を提出して控訴状を受け取るなど，具体的な指示を受けている場合であれば，その指示に従うべきでしょう。

6）附帯控訴

（上告事件でも同じ手続があるのですが）控訴では，第一審では出てこない手続があります。先の事例を使ってみましょう。

【事例12】 第一審で，原告の請求額（「被告は……支払え」の額）が300万円で，判決で100万円だけ認容され，その余が棄却された。

この事例で，第一審で原告は控訴しなかったが，被告から控訴されたとします。控訴は控訴人の不服部分について審理されますから，被告の不服部分は，原告が勝訴した100万円の部分だけで，原告の不服部分（＝被告の勝訴部分）の200万円については，審理されません（民訴304条）。このまま控訴審を続けていくと，控訴が取り下げられない限り，被告が敗訴した（＝原告が勝訴した）100万円の部分が，そのままか（控訴棄却），100万円から減るか（控訴人である第一審被告の勝訴）のいずれかの結論が出ます。つまり，第一審原告は，せっかく控訴審が始まったのだから，自分も100万円だけでは不服であるので200万円の部分について審理してもらいたいと思っても，相手が出した控訴だから（自分で控訴していないのだから）その部分（相手の有利の部分，自分の不服の部分）は審理されないことになります。

そこで，このような場合，被控訴人である第一審原告は，相手の出した控訴手続を利用して，自分のために，原判決（第一審の判決）を有利に取消しまたは変更するように主張して，審理を求める申立てができます。これが「附帯控訴」です（民訴293条）。

附帯控訴も控訴の提起と同じ方法でします（民訴293条３項本文，民訴規178条）。そうすると，附帯控訴状も原審裁判所に提出することになるのですが（民訴286条１項），控訴裁判所に提出することもできます（民訴293条３項但書）。また，附帯控訴の手数料額は，独立して控訴する場合と同じです。

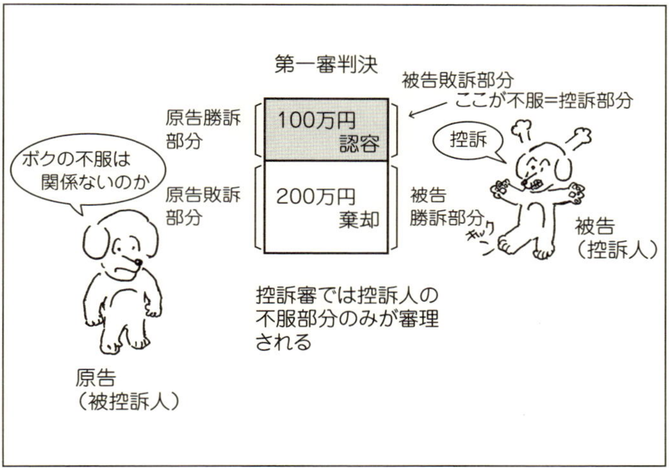
第一審判決
被告敗訴部分
ここが不服＝控訴部分
原告勝訴部分
100万円
認容
控訴
ボクの不服は関係ないのか
原告敗訴部分
200万円
棄却
被告勝訴部分
キック
被告（控訴人）
控訴審では控訴人の不服部分のみが審理される
原告（被控訴人）

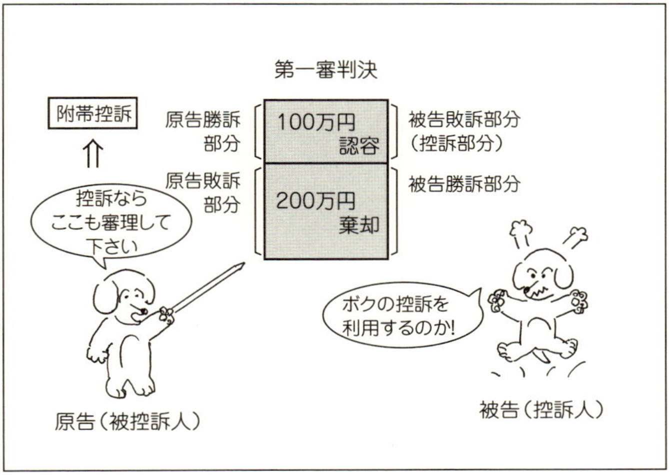
第一審判決
附帯控訴
原告勝訴部分
100万円
認容
被告敗訴部分（控訴部分）
原告敗訴部分
200万円
棄却
被告勝訴部分
控訴ならここも審理して下さい
ボクの控訴を利用するのか!
原告（被控訴人）
被告（控訴人）

ただ，附帯控訴自体が，相手（控訴人）の控訴に付随しているものですから，控訴が取り下げられたり却下されたら，附帯控訴自体も効力を失います（民訴293条２項本文）。ただし，附帯控訴が附帯控訴を提出した当事者の控訴期間内に提出されるなど，附帯控訴自体が控訴の適法要件（民訴281条～283条，285条）を備えていれば，附帯控訴自体が独立した控訴として扱われ，控訴審は続行します（民訴293条２項但書）。

７）控訴の取下げ

控訴は，控訴審の終局判決があるまで，取下げをすることができます（民訴292条１項）。控訴の取下げがあると，控訴審は最初からなかったことになるので（民訴292条２項，262条１項），取り下げた時点で，控訴期間が徒過していると，再度控訴はできず，第一審の判決が確定します。

ここで，注意しなければならないのは，「控訴の取下げ」と「訴えの取下げ」を間違わないようにすることです。

「控訴の取下げ」は，控訴自体を取り下げることで，「訴えの取下げ」は，第一審から継続している訴えそのものを取り下げることです。「？」と思われる方もいらっしゃるでしょう。「訴えの取下げ」のところを思い出してください。

訴えは，判決が確定するまで，取下げが可能ですから（民訴261条１項），控訴審が係属しているということは，判決が確定していないので，訴えを取り下げることができます。控訴審係属中に「訴えの取下げ」をすると，訴えそのものがはじめから係属していなかったものとみなされますので（民訴262条１項），控訴審の基礎となっている原審（第一審）が最初からなかったことになります。さらに，判決言渡し後の訴えの取下げとなるので，再度同じ訴えをすることはできません（民訴262条２項）。

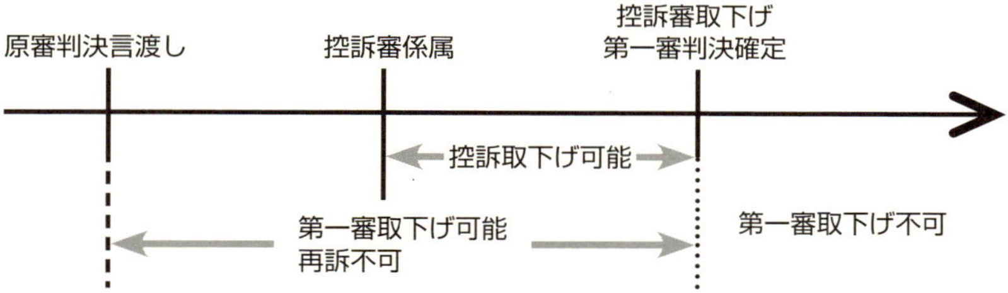

⑵　上　告

1）上告裁判所

地方裁判所が控訴裁判所であるときは高等裁判所が（裁16条３号），高等裁判所が控訴裁判所であるときは最高裁判所が（裁７条１号），それぞれ上告裁判所となります。

2）上告と上告受理申立て

控訴審判決に対する不服申立ての方法は，「上告」と「上告受理申立て」の２種類があります。

上告は，判決に憲法の解釈の誤りがあること，その他憲法違反があるときにすることができ，その他一定の手続違反（民訴312条２項各号）があるときもすることができます。また，高等裁判所にする上告は，判決に影響を及ぼすことが明らかな法令違反があるときにもすることができます（民訴312条３項）。

上告受理申立ては，上告裁判所が最高裁判所である場合に，控訴審判決に最高裁判所の判例に反する判断がある場合，その他の法令の解釈に関する重要な事項を含むものと認められる事件について，申立てにより行われるもので，裁判所が決定で，上告審として受理するか否かを決める手続です（民訴318条１項）。

上告をするか上告受理申立てをするかは，弁護士が決める事柄ですので，事務職員として注意すべきことは，弁護士が，控訴審判決に対し，不服申立手続をすると決めた場合に，どちらの手続の指示をされても対応できるようにしておくことです。

3）上告状・上告受理申立書の申立期間・提出先・費用など

上告・上告受理申立てのいずれも，控訴審の判決正本の送達を受けた日の翌日から数えて２週間以内にしなければなりません（民訴313条，285条，95条，民140条）。上告・上告受理申立てのいずれの場合も，上告状または上告受理申立書を，正本１通，副本を相手方（被上告人）の数だけ用意します。また，委任状については，原審で提出している委任状の委任事項の中に「上告」「上告受理申立て」が含まれているならば，不要とも考えられるのですが，念のため，依頼者から委任状をもらっておく方がよいでしょう。手数料は，第一審の２倍です。

上告状・上告受理申立書の宛名は上告裁判所として，原審（控訴審）裁判所に提出します。

4）上告理由書，上告受理申立理由書

上告状に上告理由の記載のない場合，上告受理申立書に，申立理由の記載がない場合，上告人，または上告受理申立人は，それぞれ「上告理由書」「上告受理申立理由書」を提出しなければなりません（民訴315条１項，民訴318条５項，民訴規194条，199条２項）。上告・上告受理申立てがなされると，「上告提起通知書」または「上告受理申立通知書」が送達され（民訴規189条１項，199条２項），この通知書を受け取った日から「上告理由書」「上告受理申立理由書」を50日以内に提出しなければならず（民訴規194条，199条２項），この期間内に提出しなければ，上告・上告受理申立ては却下されます（民訴316条１項２号，318条５項）。

上告理由書は，上告裁判所が最高裁判所であるときは，被上告人の数に６を加えた数の副本を，上告裁判所が高等裁判所であるときは，被上告人の数に４を加えた数の副本を提出します（民訴規195条）。上告理由書についても同じです（民訴規199条２項）。

5）上告提起通知書，上告受理申立通知書の送達先

上告・上告受理申立てがなされると，「上告提起通知書」または「上告受理申立通知書」が送達されます（民訴規189条１項，199条２項）。この通知書が被上告人に送達されるときは，同時に上告状の副本が送達され（民訴規189条２項），上告受理申立ての相手方に送達されるときは，上告受理申立書の副本が同時に送達されます（民訴規199条２項）。

通知書は，原則として「被上告人」と「相手方」本人に送達されます。控訴審の事件で代理人になっていても，上告事件，上告受理申立事件で代理人になっていなければ，控訴審代理人弁護士のところには送られてきません。

事務職員として注意しなければならないことは，控訴審の事件が判決によって終了し，相手が上告もしくは上告受理申立てをするかもしれない場合（つまり，当方が全部または一部勝訴しているとき），控訴裁判所に，相手への送達日と上告期間を確認したうえで，その期間が経過した頃に，再度，控訴裁判所に上告または上告受理申立ての有無を確認して，もし，上告または上告受理申立てがなされていたら，依頼者に「通知書」が送られてくる旨の連絡をしておき，上告裁判所から送られてきたら連絡をしてもらうように手配しておくことです。

第III章

民事保全と提出書類

1　民事保全手続とは

民事保全手続で大切な法律･規則は
･民事保全法
･民事保全規則
です。その他，民事訴訟法，民事訴訟規則の準用もあります
これ
大事です！
民事保全の種類としては
主に
･仮差押え
･仮処分
があります
ハイ
仮差押えは
将来の強制執行のために
かりさし
おさえ～
仮処分は権利の保全
著しい損害を避けるために
うごかしちゃ
だめ！
仮処分

私人間で紛争が起こり，解決しないときは，訴訟となることが多いのですが，最終的に目的を達するためには，民事訴訟で勝訴判決をとり，それ（判決などの債務名義）に基づいて，強制執行を行い，債権を回収するなどの手段をとることがあります。しかし，訴訟には時間がかかり，勝訴判決を得るまでの間に，相手（債務者）が財産を隠匿したり，費消したりしてしまうと，せっかく勝訴判決を得ても，本来の目的を達成できなくなってしまいます。

そこで，相手（債務者）の妨害を防ぎ，将来の強制執行をするときのために，あらかじめ相手（債務者）の財産を押さえておく（処分されても勝てるようにしておく），権利関係を変更できないようにしておくなどの手続が民事保全です。

その他，争いがある権利関係について，著しい損害や急迫の危険を避けるために暫定的な法律的地位を定める民事保全の手続もあります（仮の地位を定める仮処分）。

民事保全の特長としては，迅速性・密行性・暫定性・付随性などがあげられます。「暫定性」は，本案訴訟の判決が出されて強制執行が行われるまでの一時的なもの，「付随性」は，将来，本案訴訟を行うという前提でなされるもの，という意味で捉えておけばよいでしょう。

法律事務の観点から注意すべきは「迅速性」「密行性」でしょう。民事保全手続を行う必要性からすれば，相手（債務者）が財産を処分・隠匿する前，または，問題となる権利関係が変更されてしまう前に行う必要があり（「迅速性」が求められる理由），相手（債務者）に民事保全を行うことを知られてしまうと，財産を処分・隠匿されてしまう可能性がある（「密行性」が求められる理由）ことから，申立ての準備にあたっては，迅速に，密かに進めなければならないからです。

2 | 民事保全の種類

刑法
民法
そらくん！
民事保全の種類には
どんなものがあるか
知ってるね
ハイ
金銭債権の
保全のための仮差押え
があります
次に
係争物に関する
仮処分と
とりあえず
なんとかして
仮の地位を定める
仮処分が
あります
それから
それは
ちがうだろ
おやつを保全する
仮処分

- 民事保全
  - 仮差押え
    - 不動産
    - 動　産
    - 債　権
  - 仮処分
    - 係争物に関する仮処分
      - 占有移転禁止
      - 処分禁止
    - 仮の地位を定める仮処分

(1)　仮差押え（民保20条）

仮差押えは，債権者の金銭債権（貸金，売買代金）を実現するため（お金を回収するため），将来，強制執行（強制競売，債権差押え）が確実にできるように債務者の財産（不動産，預貯金など）を仮に差し押さえる手続です。金融機関の顧問となっている法律事務所では，比較的多く利用します。

仮差押えの対象となるものは，債権や不動産が一般的でしょうが，法律上は，船舶，航空機，自動車，建設機械，特許権なども対象となっています。

【事例１】 Ａ銀行は，Ｂ（自然人）に500万円を融資したが，Ｂは，全く返済をしない。Ｂには，自宅不動産（評価額1,000万円）とＣに対する売掛金債権（200万円）がある。

この事例で，Ａ銀行は，Ｂを被告として「貸金返還請求訴訟」を提起し，勝訴判決を得た後，Ｂの自宅不動産の強制競売の申立て，または，ＢのＣに対する売掛金債権の債権差押申立てを行う予定で，まず，Ｂに対し訴訟を提起したとします。訴訟係属中でも，自宅不動産や売掛金債権はＢのものですから，Ｂは自由に処分（不動産を売却したり，売掛金債権を取り立てたり）で

【仮差押えをしていない場合】

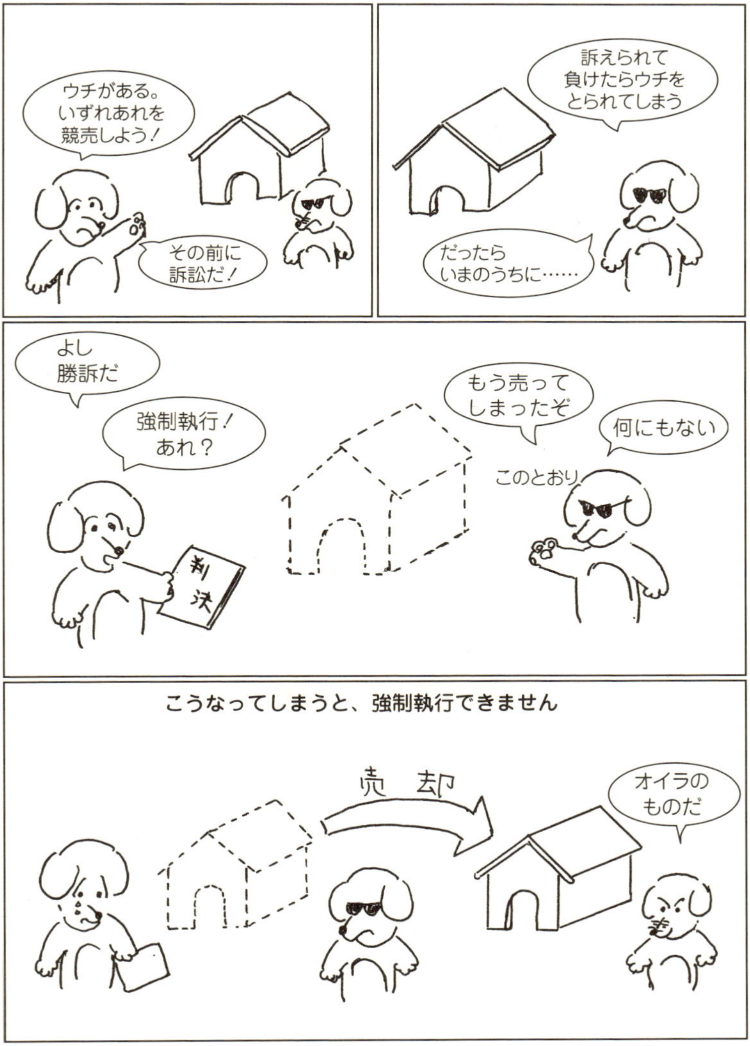

【仮差押えをしている場合】

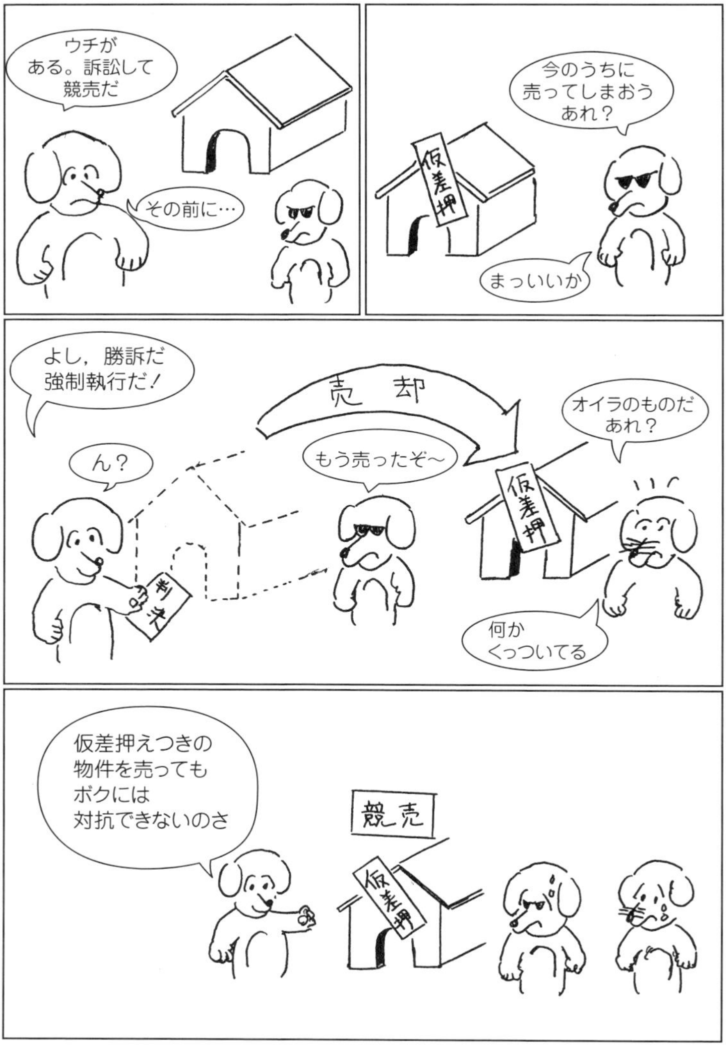

きます。訴えられたＢは，裁判で負けたら自宅が競売されるかもしれない，売掛金が差し押さえられるかもしれない，と考え自宅を他人に売って名義を変えたり，売掛金を取り立てて，現金を隠してしまおうとするでしょう。なので，Ａ銀行が勝訴判決を得たときに，すでにＢの自宅不動産が他人に売却されていたり（他人名義になっていたり），ＢがＣから売掛金を取り立てた後（ＣがＢに払った後）ということもあり得ます。そうなると，Ａ銀行がせっかく勝訴判決を得ても，Ｂにはめぼしい財産がなく，貸金を回収できないこととなってしまいます。

そこで，Ａ銀行としては，訴訟を提起して終局判決を得るまでの間に，Ｂの自宅不動産かまたはＢのＣに対する売掛金債権の仮差押えをしておけば，たとえ，Ｂの自宅不動産を他人に売却したり，ＢがＣから売掛金を取り立てたとしても，Ａ銀行は勝訴判決を債務名義として強制執行（不動産の強制競売や債権差押）をすることができます。なぜなら，仮差押えをされている不動産を買った人は，「仮差押えのついている不動産」を買ったのであり，仮差押えの債権者（この事例ではＡ銀行）に対して，所有権を主張できないことになります（不動産の売買契約自体が無効ということではありません）。また，売掛金債権が仮差押えされると，その債権の債務者（Ｃ）は債権者（Ｂ）に支払ってはいけないことになるので，ＣがＢにその買掛金（売掛金）を支払ったとしても，Ａ銀行がその債権を差し押さえてＣに請求してきたとき，ＣはＡ銀行に対して，既にＢに支払ったことを主張できなくなるのです。これが仮差押えの効果です。

(2)　係争物に関する仮処分（民保23条１項）

係争物に関する仮処分は，特定物の引渡請求権のような金銭債権ではない債権（非金銭債権）を保全するための手続で，特定の物について，現状を維持するための仮処分です。事例でよく用いられるのは，「処分禁止の仮処分」と「占有移転禁止の仮処分」です。

【処分禁止の仮処分をしていない場合】

【処分禁止の仮処分をしている場合】

【占有移転禁止の仮処分をしていない場合】

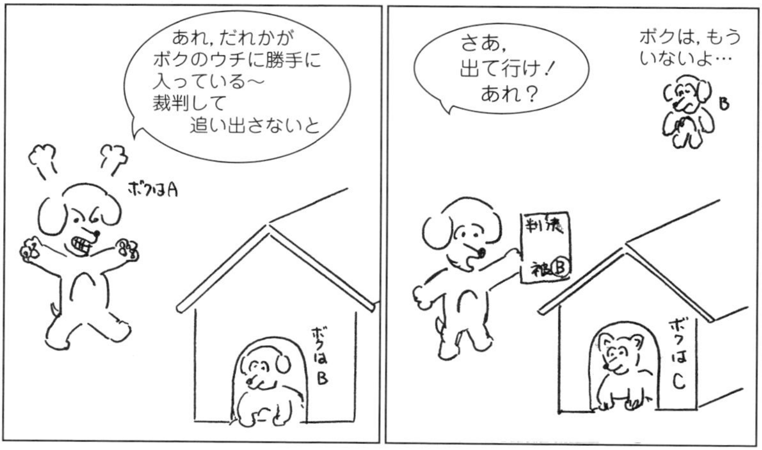

Bに対する判決では，Cに対して明渡請求はできない

【占有移転禁止の仮処分をしている場合】

占有移転禁止の仮処分をしているので，CはAに対抗できない
⇒Bに対する判決（債務名義）で，Cに対して強制執行できる

1）処分禁止の仮処分

「抹消登記手続の請求権」のような「特定の物の給付請求権（金銭債権ではない請求権）」を保全するための手続で，不動産登記簿の甲区欄に「処分禁止の登記」を経由する方法によりなされる保全手続です。これによりその不動産の所有権の移転登記，抵当権の設定登記などが禁止されます。

【事例２】 Ａ（自然人）は，自己所有の不動産の登記名義が，自分の知らない間にＡからＢ（自然人）に移転していることを発見した。Ａは，Ｂに対して，ＡからＢへの所有権移転登記の抹消登記手続請求訴訟を提起しようとしている。

この事例で，Ａは，Ｂに対する訴訟の勝訴判決後に，その判決を登記原因として，ＡからＢへの所有権移転登記の抹消登記手続をしようと考えています。しかし，その訴訟の終局判決が出されるまでの間，Ｂは，当該不動産の登記名義を他者に移転することができます。ですから，終局判決が出される前にＢがＣに所有権移転登記手続をすると，終局判決が出されたときは，Ｃが登記上の所有者となっているので，Ｂを被告とする抹消登記手続を命ずる判決では，Ｃに対して抹消登記手続をすることができません。

そこで，Ａは，訴訟を提起して終局判決を得るまでの間に，当該不動産に「処分禁止の仮処分」の登記をしておけば，その登記後に当該不動産の所有権登記がＢからＣへ移転しても，Ｃは仮処分の登記には対抗できないので，Ｂに対する判決で抹消登記手続ができることになります。

2）占有移転禁止の仮処分

「土地建物の明渡しを請求する権利」のような給付請求権を保全するための手続で，執行官への占有の引渡しのように「執行官による執行」の方法によりなされる保全手続です。

【事例３】 Ａ（自然人）所有の建物をＢが不法占拠している。Ａは，Ｂに対して，当該建物の明渡請求訴訟を提起しようとしている。

この事例で，ＡはＢを追い出したいと思うでしょう。そこでＡは，Ｂに対する建物明渡訴訟を提起し，その勝訴判決後に，その判決を債務名義として不動産の明渡しの執行をしようと考えています。しかし，その訴訟が終わるまでの間に，ＢからＣに占拠者（占有者）が変わってしまった場合，Ｂに対する明渡しを命ずる判決が出ても，それを債務名義としてＣに対して不動産の明渡しの執行をすることはできません。

そこで，Aは，訴訟を提起して終局判決を得るまでの間に，「占有移転禁止の仮処分」をして執行官による執行をしておけば，その後にＣに占有者が変わっても，Ｃは仮処分のされている不動産の占有を始めたので，Ｃの占有は仮処分の債権者であるＡには対抗できず，ＡはＢに対する判決でＣに対し明渡しの執行ができることになります。

⑶　仮の地位を定める仮処分（民保23条２項）

ここでいう「地位」は役職のような「位」ではなく，債権者と債務者の関係と考えてみるとわかりやすいと思います。「仮の地位を定める仮処分」は，債権者と債務者との間の権利関係について，紛争が生じ，そのため債権者に著しい損害，または急迫の危険や不安が生じるおそれがある場合に，これを除いて一定の権利関係を暫定的に形成する紛争によって生じている法律関係を暫定的な処置により，変更する仮処分です。教科書的な事例でいえば，不当解雇された従業員が会社に対して，解雇無効と従業員の地位確認訴訟を提起するとき，「地位保全の仮処分」を行う場合がこれにあたります。

この他に

①　物の仮の引渡しを命じる仮処分

②　建築工事禁止の仮処分

③　通行妨害禁止の仮処分
④　抵当権実行禁止の仮処分
⑤　競売手続停止の仮処分
等があります。

この仮処分では，例にあげたように，保全されるべき権利関係が多種多様で，また，「建築工事禁止の仮処分」では，債務者に対し，工事の停止を命じ，「競売手続停止の仮処分」では，現実に申し立てられた競売手続の停止を命じるので，仮処分が発令されると，債務者が被る損害が大きいことが予想されます。なので，「仮差押え」や「係争物に関する仮処分」と異なり，原則として，口頭弁論または債務者が立ち会うことができる審尋の期日を経なければ決定を出すことができないとされています（民保23条４項本文）。

【事例４】 Ａ（自然人）の自宅の南側にＢ社が高層マンションを建築しようとしている。このままでは，Ａ宅の日照権が侵害されるおそれが非常に高い。

この事例で，このままでは，Ａの日照権が侵害されるので，Ａは，Ｂ社に対し，日照権侵害の損害賠償請求訴訟を起こすことも考えられますが，損害賠償は金銭賠償での解決を図るため，日照権が侵害されることを止めることはできません。そこで，ＡはＢ社に対し，「建物建築禁止の仮処分」の申立てをすることにより，ＡとＢ社が仮処分事件を通じて紛争を解決する方法をとります。

【建物建築禁止の仮処分の申立て】

ボクのおウチが
真っ暗になる～
ワシのウチ
ボクのウチ
もう少しで完成！
ワシのウチだ！
どう建てようが
ワシの勝手だ！
裁判所
なんとか
して～…
仮処分
申立
仮処分審尋の
呼出状
ん？なんだ
こりゃ？
裁判官
ボク
禁煙
ですよ！
ワシ
原則，口頭弁論または債務者が立ち会うことができる審尋の期日を経て，
決定が出される。

3　民事保全手続の管轄裁判所

民事保全手続の管轄は
①本案訴訟の管轄裁判所
②仮に差し押さえるべき物の所在地・係争物の所在地を管轄する地方裁判所
です
また,専属管轄なので,合意管轄
応訴管轄の規定は適用されません
メモメモ
ただ
本案訴訟に合意管轄の規定が適用されるのでその場合，保全手続の管轄もそれに従います
そうです
つまり
本案訴訟の管轄によって，保全手続の管轄の範囲が広がるのですね

民事保全事件の管轄裁判所は，専属管轄となりますので（民保6条），合意管轄（ここでいう「合意管轄」は，民事保全事件のみの管轄裁判所を当事者の合意で決めることをいいます），応訴管轄，併合請求による関連裁判籍などは認められません（民保7条，民訴13条1項，7条，11条，12条）。

民事保全の申立ては，以下の規定に従って定められる裁判所に提出します。

(1)　本案訴訟の管轄裁判所

民事保全事件は，本案訴訟を提起することを前提としますから，本案訴訟の管轄裁判所が民事保全事件の管轄裁判所となります（民保12条1項前段）。本案訴訟とは，権利または法律関係の確定を目的とする訴訟で，一般には，判決手続と考えられています。

本案訴訟が未提起の場合は，将来，本案訴訟を提起する予定の裁判所，本案訴訟が既に提起されている場合は，その裁判所が管轄裁判所となります。

本案訴訟が控訴審係属中であれば控訴裁判所，本案訴訟が家事事件であれば，家庭裁判所が管轄裁判所となります。調停前置主義がとられているような事件（離婚事件など）は調停の申立てを本案の提起とみなしますので（民保37条5項），調停事件の管轄裁判所が「本案訴訟の管轄裁判所」となります。ただ，本案訴訟の管轄裁判所について合意管轄の定めがあるときは，その合意によって定めた管轄裁判所が「本案訴訟の管轄裁判所」になりますし，本案訴訟に特別裁判籍の規定（民訴5条）が適用されるのであれば，その規定による裁判所が「本案訴訟の管轄裁判所」となります。

(2)　仮に差し押さえるべき物の所在地，係争物の所在地を管轄する地方裁判所

仮差押えまたは，仮処分の対象となる物がある場所（所在地）を管轄する地方裁判所も管轄裁判所となります（民保12条1項後段）。不動産や動産の場合は，その物がある場所は明確です。債権仮差押えの場合，「仮に差し押さえるべき物の所在地」は，原則として第三債務者の普通裁判籍（民訴4条）

の所在地となります。

まちの地方裁判所
保全事件の
管轄合意書
「まちの地方裁判所」
にします
これはできない
保全事件の管轄裁判所には合意管轄の適用がない

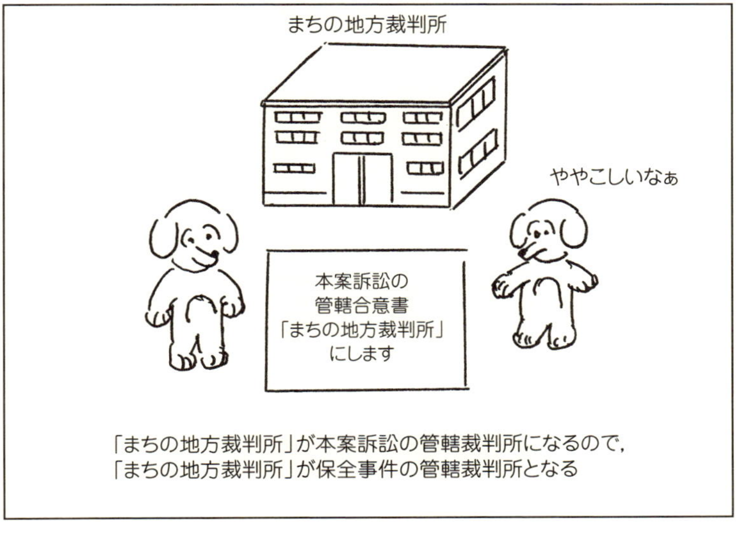
まちの地方裁判所
ややこしいなぁ
本案訴訟の
管轄合意書
「まちの地方裁判所」
にします
「まちの地方裁判所」が本案訴訟の管轄裁判所になるので，
「まちの地方裁判所」が保全事件の管轄裁判所となる

4　不動産仮差押えの申立て

不動産仮差押えの申立てには
申立書1通を提出します
申立書
申立書は一般に
申立ての趣旨，原因
当事者目録
請求債権目録
物件目録
からなっています。
申立書の添付書類として
・不動産登記事項証明書
・固定資産評価証明書
・被保全債権の資料
・委任状
・（当事者が法人の場合）
資格を証する書面
などを添付します
う〜ん
覚えられるかなぁ
メモメモ
その他
貼用印紙（手数料）は
1件ごとに2,000円と
郵券（郵便切手）が
必要となります
これで
よし！

(1)　仮差押えの対象となる不動産の調査

1）債務者の所有する不動産

不動産仮差押えの対象となるものは，「債務者」所有の不動産です。あたりまえのことですが，債務者以外の人の不動産を仮差押えすることはできません。つまり，債務者が住んでいる家があったとしても，それが債務者以外の人の所有名義の場合（賃貸であったり，債務者の家族の者の所有名義であるような場合），仮差押えをすることはできません。たとえ家族であっても，連帯保証人になったり，相続でその債務を承継したりしなければ，仮差押えをされることはありません。

ここでいう，債務者の「所有」とは，実質的な所有を意味します。つまり登記名義上，他人の所有名義であっても，実質は債務者の所有不動産であるようなケースは含まれるのです。考えられる具体的な例としては，次のような場合があります。

①　債務者の住んでいる不動産の所有名義が債務者の父親であるが，すでにその父親は死亡している場合

登記上，不動産の所有者が債務者の父親であり，その相続人が債務者である場合です。債務者は相続により，その不動産の所有権の全部または一部を承継するので，実質的には，債務者の所有不動産となります。ただし，債務者が相続放棄をしている，遺言により債務者以外の者の所有となっているなどの事由がある場合は，債務者の所有不動産とはなりません。

②　売買により債務者が不動産を買い受けたが，登記名義を前所有者（売り主）のままにしている場合

たとえば，債務者が購入した不動産をすぐに転売しようと考えているとします。

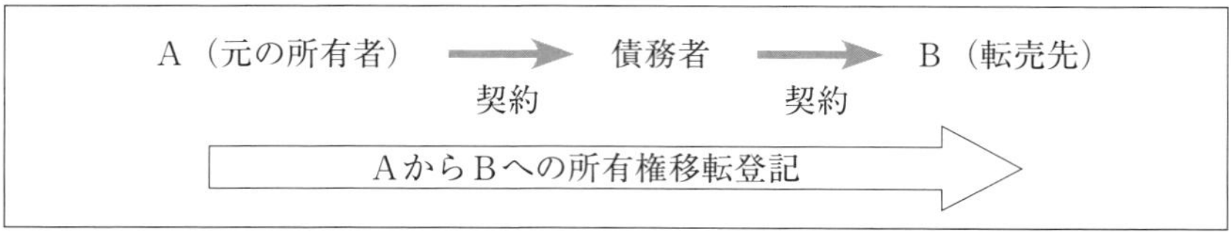

債務者が転売目的で不動産を買い，転売先（買い主）を見つけたあと，債務者を飛ばして前所有者（A）から転売先（B）へ直接所有権が移転したように登記申請（中間省略登記）をするために，債務者は，自分に登記を移転せず，登記名義をAのままにしておくことがあります。登記には公信力がないので，登記名義はAでも実質の所有者は債務者ということになります。

2）対象不動産の探し方

さて，対象となる債務者の不動産の探し方ですが，

① 債務者が個人（自然人）の場合の自宅不動産，債務者が会社や団体など（法人）の場合の本店や本部（主たる事務所）の不動産，社長や理事（代表者）の自宅不動産

② ①でみつけた不動産に金融機関などの担保権（抵当権や根抵当権）が設定されており，それが共同担保である場合，共同担保目録に記載されている不動産

などが，債務者名義となっていないか調べます。自宅不動産や本店所在地不動産の登記事項証明書を共同担保目録付きでとってみると，共同担保となっている不動産がわかります。もちろん，共同担保となっているからといって必ずしも債務者所有とは限りませんが，別荘を持っているなど，可能性はあります。

そのほかには，

③ 債務者の前住所地（前本店所在地）の不動産

も可能性としてはあり得ます。

不動産の登記を調査するには，その不動産の所在地番，建物ならば家

屋番号などが判明しなければなりません。住居表示と地番は異なるもので，都市部では，住所はわかっているが地番がわからない，という場合，法務局に備え付けてあるブルーマップ（住居表示地番対照住宅地図）で地番を調べます。ただ，ブルーマップは発行されていない地域もあるので，全国どこでも調べられるわけではありません。その場合は，直接，法務局に住居表示から地番を問い合わせてみるとよいでしょう。

また，地方都市では，住居表示と地番が一致していることが多いので，その場合は，そのまま住居表示で登記状況を調べることができます。

⑵　添付資料の収集

1）当事者（債務者）の関係で必要なもの

当事者が法人である場合，その「法人格を証する書面」が必要となります。最も多く用いられるものは，法人の登記事項証明書（現在事項証明書または履歴事項証明書）でしょう。そのほかに「代表者事項証明書」なども使われています。

当事者が自然人（個人）または法人で，現在の住所地または本店所在地と登記上の住所地または本店所在地が異なる場合，そのつながりがわかる資料が必要となります。

ここで，登記上の住所を旧住所で放置しているのはおかしいと思う人がいるでしょうが，実際に登記上は旧住所から変えていないという実例は多いです。

①　債務者（自然人）が転居している場合

たとえば，債務者のＡさんが，

埼玉県○○市……（不動産登記上のＡさんの住所）　→ 転　居 →　東京都練馬区……（現在のＡさんの住所）

と転居しているならば，Ａさんが埼玉県○○市から東京都練馬区に転居したことがわかる公的な書類（住民票の写しや戸籍の附票）などが必要となります。

埼玉県○○市……（不動産登記上のＡさんの住所） → 転　居 → 東京都練馬区…… → 転　居 → 神奈川県横浜市戸塚区……（Ａさんの現住所）

このように転居を繰り返している場合は，埼玉から横浜までの住所の変遷を記載した書類が必要となりますから，「Ａさんの戸籍の附票」もしくは「Ａさんの（神奈川県横浜市戸塚区の）住民票の写しと（東京都練馬区の）住民票の除票の写し」が必要となります。もちろん，住民票の写し等には，前住所の記載のあるものが必要です。

②　債務者（法人）が移転している場合

次に，債務者をＢ株式会社とします。

債務者が法人である場合は，本店所在地の移転と法人名の変更（商号変更など）の場合を考えておかなければなりません。

大阪市中央区……（不動産登記上のＢの本店所在地） → 移　転 → 東京都品川区……（現在のＢの本店所在地）

この場合，Ｂ株式会社の本店移転は登記されているはずですから，「Ｂ株式会社の履歴事項証明書」にその本店移転の登記があれば，それが添付書類となります。もし，履歴事項証明書に記載されていなければ，本店移転の部分は閉鎖されているので「本店移転の登記の記載がある閉鎖事項証明書もしくは閉鎖登記簿謄本」が必要となってきます。

③　債務者（法人）が商号変更している場合

株式会社甲乙商事（不動産登記上のＢの商号） → 変　更 → Ｂ株式会社（現在の商号）

商号変更の場合も，本店所在地と同じように登記されますから，

「B株式会社の履歴事項証明書」にその商号を変更した登記があれば，それが添付書類となります。もし，履歴事項証明書にそれが記載されていなければ，「商号変更登記の記載がある閉鎖事項証明書もしくは閉鎖登記簿謄本」が必要となってきます。

つまりは，債務者と不動産登記上の所有者が同一人であることを示す資料が必要となる，ということです。

2）当事者（債権者）の関係で必要なもの

同じ趣旨のことは，債権者にもいえます。

債権者の場合，被保全債権の存在を示す書証（契約書）などに記載されている名義と現在の名称が一致している必要があります。よくあるケースとして，銀行が債権者の場合を考えてみます。

【事例5】

1）株式会社X銀行がB株式会社に1,000万円融資した。

2）B株式会社が債務の履行を怠り，期限の利益を喪失した。

3）株式会社X銀行は，株式会社Y銀行と合併し，商号が株式会社XY銀行となった。

4）株式会社XY銀行は，B株式会社の本店所在地の不動産の仮差押えを検討している。

この場合，被保全債権となるXY銀行の債権の証拠となるのは，1）の時の金銭消費貸借契約書でしょう。その契約書には，債権者名は株式会社X銀行となっています（この段階で，債権者名が株式会社XY銀行となることはあり得ません）。しかし，申立て段階の4）では，X銀行は株式会社XY銀行となっているのですから，申立てをする債権者はXY銀行です。そこで，X銀行がXY銀行になったことを示す添付書類が必要になってきます。株式会社の合併の多くは，一方が存続し，他方が存続する会社に吸収され消滅する「吸収合併」の形態をとっています。ここで，債権者となる会社が「存続する会社」か「吸収された会社」かによって，書類を集めるときの着眼点が異なります。

「存続する会社」が債権者となるときは，その会社の商号が新会社の商号に変更されているので，「履歴事項証明書」または「閉鎖事項証明書（閉鎖登記簿謄本）」をとれば，その商号変更の経緯を示す書類となります。

「消滅する会社」が元の債権者であるときは，「存続する会社」が「消滅する会社」を合併したことが，「存続する会社」の登記事項証明書に記載されているので，その記載のある「履歴事項証明書」が必要となります。

つまり，被保全債権の存在を示す書類上に登場する債権者と申立てをする債権者が同一であることを示す資料が必要になります。

3）対象不動産の関係で必要なもの

①　不動産登記事項証明書

不動産仮差押えの申立てでは，

a）登記された不動産については不動産登記事項証明書（民保規20条1号イ）

b）登記がされていない不動産については債務者の所有に属することを証する書面（民保規20条1号ロ(1)）

・土地については地積測量図（民保規20条1号ロ(2)）

・建物については建物図面・各階平面図（民保規20条1号ロ(3)）

などが必要となります。

②　固定資産評価証明書

対象不動産の価額を証明する書面として（民保規20条1号ハ），対象不動産の固定資産評価証明書を添付資料とします。弁護士の場合，職務上の申請書を使って交付申請をします。

申請先は，都税事務所，市税事務所，各市区町村役場の税務課など，地域によって申請先が異なるので，その都度確認する方がよいでしょう。

4）その他必要なもの

① 被保全債権の疎明資料

民事保全事件は，債務者の事情を聞かずに発令する場合があるので，多くの疎明資料の提出を求められる傾向にあります。どのようなものが必要となるかは，弁護士の判断によりますが，主だったものとしては，

a）債権の発生が契約による場合

契約書，債務者の印鑑証明書，催告書など，契約に関係する書類

b）債権の発生が契約によらない場合

交通事故の場合の事故証明書，不法行為の場合の被害届

などが考えられますが，具体的にはそれぞれの事案によって異なります。

不動産仮差押えでは，保全するべき債権（被保全債権）が契約から生ずる債権ならば疎明する資料として，

i）契約書

ii）領収書

が求められることが多いでしょう。

② 委任状

あたりまえなのですが，意外と忘れがちです。本案訴訟を提起する予定ですので，本案訴訟のための委任状を依頼者からもらって，保全事件についてはうっかり忘れてしまうようです。本案訴訟と保全事件は，別事件ですから，保全事件用の委任状も必要となります。その他，担保提供のための委任状も必要となりますし，保全執行のために執行官申立てをしなければならないような場合は，執行官申立用の委任状

も必要となります。

通常，不動産の仮差押えで弁護士が代理人となって申立てをする場合は，申立時に添付する委任状と，担保提供の時の供託用の委任状の２通を依頼者からもらっておくとよいでしょう。

(3) 提出準備

弁護士が申立書を作成した後，提出前に確認しておきます。確認といっても内容の当否を調べるわけではなく，「提出先の裁判所名」，「当事者の住所・氏名」，「対象不動産の表記」，全体の誤字・脱字・「てにをは」等の確認をします。

【書式】不動産仮差押命令申立書（貸金債権が被保全債権の場合）

①民保12条１項
民484条，民訴５条
１号で東京地裁になる

不動産仮差押命令申立書

平成25年４月12日

東京地方裁判所　　御　中

②意外に間違える

債権者代理人　弁護士　○　○　○　○

当事者の表示　　　別紙当事者目録記載のとおり
請求債権の表示　　別紙請求債権目録記載のとおり
不動産の表示　　　別紙物件目録記載のとおり

申　立　の　趣　旨

債権者の債務者に対する前記請求債権の執行を保全するため，債務者所有の別紙物件目録記載の不動産は，仮に差押える。
との裁判を求める。

③誤字・脱字・「てにをは」のチェック

申　立　の　理　由

第１　被保全権利
　１　債権者は……（省略）……
　２　債務者は……（省略）……
　３　よって，債権者は債務者に対し，……の債権を有する。

第２　保全の必要性
　債務者は，前記債務の履行を怠り，……。よって，債権者の債権を保全するため，本件申立をする次第である。

④ 貸金債権が被保全債権となる場合の書証の例

疎　明　方　法

１．甲第１号証　　金銭消費貸借契約書
２．甲第２号証　　印鑑登録証明書
３．甲第３号証　　期限の利益喪失通知書
４．甲第４号証　　陳述書
５．甲第５号証　　不動産登記事項証明書

⑤号証番号，名称，通数のチェック

附　属　書　類

１．甲号証写し　　各１通
２．不動産登記事項証明書　　１通
３．固定資産評価証明書　　１通
４．委　任　状　　１通

【書式】当事者目録

当　事　者　目　録

〒×××－××××　東京都中央区形人町○丁目×番△号
債　　権　　者　　△　△　△　△

〒×××－××××　東京都中央区世界橋○丁目×番△号
世界法律事務所（送達場所）
TEL　03－＊＊＊＊－＊＊＊＊
FAX　03－＊＊＊＊－＊＊＊＊
上記代理人弁護士　　○　○　○　○

〒×××－××××　横浜市横浜区横浜○丁目×番△号
債　　務　　者　　×　×　×　×

⑥当事者の住所・氏名のチェック

【書式】請求債権目録

請　求　債　権　目　録

⑦全体の誤字・脱字・「てにをは」のチェック

金 9,714,147円　←　**⑧1．と2．の合計額の検算**

但し，債権者と債務者との間の平成○年○月○日付金銭消費貸借契約に基づく下記債権合計額。

記

1．元金 9,600,000円

2．遅延損害金 114,147円　←　**⑨遅延損害金の額の検算**

上記元金に対する平成○年○月○日から平成×年×月×日まで（31日間）年14パーセントの割合（計算方法は年365日の日割計算）に基づく遅延損害金。

【書式】物件目録

物　件　目　録

⑩不動産登記事項証明書と照合してチェック

1．所　　在　　中央区日本橋形人町三丁目
　　地　　番　　105番28
　　地　　目　　宅　地
　　地　　積　　60㎡75

2．所　　在　　中央区日本橋形人町三丁目105番地28
　　家屋番号　　105番28
　　種　　類　　居　宅
　　構　　造　　木造スレート葺2階建
　　床 面 積　　1　階　34㎡38
　　　　　　　　2　階　32㎡22

【書式】登記権利者・義務者目録

登記権利者・義務者目録

東京都中央区形人町○丁目×番△号
　　登記権利者　△　△　△　△

横浜市横浜区横浜○丁目×番△号
　　登記義務者　×　×　×　×

⑪不動産登記事項証明書上の所有者の住所を記載

申立書の確認が済んだら，書証（作り方は民事訴訟P.88を参照），添付書類を整えて，印紙（一事件につき2,000円），郵券（提出先の裁判所に確認する）を用意して，裁判所に提出します。

(4)　申立て・補正・裁判官面接・担保額決定

民事保全の申立てをした後，立件されると事件番号が付されます（地方裁判所では平成○年(ヨ)第○○○号，簡易裁判所では平成○年(ハ)第○○○号）。その後，裁判官に記録がまわされ，債権者（代理人）が裁判官と面接し，担保額を決定します。

(5)　担保提供

不動産仮差押事件では，債権者の申立てのみで発令されることが多く，万が一，債権者の申立てに誤りがある場合，または，申立て自体が不当である場合でも，債務者の反論を聞かずに決定が出されるので，債務者が不測の損害を被る可能性があります。

コラム

面接は不要？

地方の裁判所や支部で仮差押申立てなどをすると，面接をせずに，書類審査のみで担保額を決定することがあります。これは，仮差押えの場合は，被保全債権が金銭債権であり，書証などから，被保全債権の存否，保全の必要性などが判断でき，明白であることが多いことや，支部では裁判官が（訴訟その他の）事件を兼任していることが多いためです。実際に，必ず面接をする裁判所の方が少ないのかもしれませんが，債権者の申立てのみで発令するということを考慮すると，原則は面接をすると考えるべきでしょう。

そこで，債務者の損害に備えて，裁判所から債権者に対して担保の提供が求められます。

担保額が決まると，担保の提供をします。担保提供の方法としては，現在では，金銭による供託が最も利用されているでしょう。その他に，有価証券での供託（民保４条１項）や，金融機関との間で支払保証委託契約を締結する方法（民保規２条）があります。

(6)　供　託

担保提供を供託によってする場合，供託所へ行く前にあらかじめ，供託書を用意しておく方がよいでしょう（もちろん，供託所に行ってから，備え付けてある供託書の用紙で作成してもかまいません）。

供託は，「担保を立てるべきことを命じた裁判所または保全執行裁判所の所在地を管轄する地方裁判所の管轄区域内の供託所」に，金銭または担保を立てるべきことを命じた裁判所が相当と認める有価証券で供託します（民保４条１項）。

ただ，例外があり，民事保全法４条１項に規定された法務局に遅滞なく供託することが困難な事情があるとき，裁判所の許可を得て，債権者の住所地または事務所の所在地その他裁判所が相当と認める地を管轄する地方裁判所の管轄区域内の供託所に供託することができます（民保４条２項）。これを「管外供託」とよんでいます。

たとえば，岡山市の債権者（代理人弁護士の事務所：岡山市）が東京都内に住んでいる債務者に対し，その債務者の自宅不動産の仮差押えの申立てを東京地方裁判所にしたとします。その場合，民事保全法４条１項による供託所は東京法務局となるのですが，債権者（と代理人弁護士）は岡山市にいるので，速やかに供託することは困難です。そこで，東京地方裁判所の許可を得て，岡山地方法務局に供託することができます。

１）担保提供者

担保提供者とは，担保となる金銭等を提出する人です。原則として，申立債権者が担保提供者となります。その他，裁判所が相当と認める場合に限り，第三者が担保提供することも可能です。

2）供託書の記載方法

① 申立債権者が担保提供者の場合

a）申請年月日：供託をする日

b）供託所の表示：供託をする供託所名（法務局名）

c）供託者の住所氏名：申立債権者の住所氏名

・供託者が自然人（個人）の場合：正確に記載します。不動産仮差押申立書に記載している申立債権者の住所氏名と同じ表記にするようにします。

・供託者が法人の場合：自然人の場合と同じく，正確に記載します。法人の登記事項証明書の記載と同じ表記にするようにします。

d）被供託者の住所氏名：債務者の住所氏名

・被供託者が自然人（個人）の場合：正確に記載します。不動産仮差押申立書に記載している債務者の住所氏名と同じ表記にするようにします。

・被供託者が法人の場合：自然人の場合と同じく，正確に記載します。不動産仮差押申立書の債務者の所在地・法人名と法人の登記事項証明書の記載と同じ表記にするようにします。ただし，代表者の氏名の記載は不要です。

e）供託金額：供託する金額（担保提供する金額）を記載します。冒頭に「¥」を記載します。

f）法令条項：「民事保全法第14条第１項」と記載します。

g）裁判所の名称及び件名等：申立てをした裁判所名と事件番号，事件名を記載します。当事者の部分は，「債権者」と「債務者」の左側の部分に「○」をつけ，債権者の下部に「供託者」，債務者の下部に「被供託者」と記載します。

h）供託の原因たる事実：「仮差押の保証」の左側の部分に「○」を

【書式】供託書・OCR用（①申立債権者が担保提供者の場合）

供託書・OCR用
（裁判上の保証及び仮差押・仮処分解放金）

☐字加入 ☐字削除　係員印　受付　調査　記録　頁 ／　（第２号様式　印供第32号）

申請年月日	a）平成 ○ 年 ○ 月 ○ 日
供託所の表示	b）東京法務局
供託者の住所氏名	住所 c）東京都○○区○○町○丁目○番○号 氏名・法人名等 法 務 二 郎 代表者等又は代理人住所氏名
	☐別添のとおり ふたりめからは別紙継続用紙に記載してください。
被供託者の住所氏名	住所 d）東京都○○区○○町○丁目○番○号 氏名・法人名等 株 式 会 社 ○ ○
	☐別添のとおり ふたりめからは別紙継続用紙に記載してください。
供託金額	百 十 億 千 百 十 万 千 百 十 円 e）¥ 5 0 0 0 0 0
	㊞　年　月　日

f）　g）

法令条項	民事保全法第14条第１項
裁判所の名称及び件名等	東京地方 裁判所　支 部 平成 26 年（ヨ）第 ＊＊＊ 号 不動産仮差押命令申立 事件
当事者	☐原告 ☐申請人 ◯債権者　供託者 ☐被告 ☐被申請人 ◯債務者　被供託者
供託の原因たる事実	☐訴訟費用の担保　☐仮執行の担保　☐仮執行を免れるための担保 ☐強制執行停止の保証　☐強制執行取消の保証　☐強制執行続行の保証 ◯仮差押の保証　☐仮差押取消の保証　☐仮処分の保証　☐仮処分取消の保証 ☐仮差押解放金　☐仮処分解放金 ☐その他
備考	

（注）1．供託金額の冒頭に¥記号を記入してください。なお，供託金額の訂正はできません。
2．本供託書は折り曲げないでください。

↓ 濁点、半濁点は１マスを使用してください。

供託者カナ氏名　ホ ウ ム シ ゛ ロ ウ

100000

つけます。

② 第三者が担保提供者の場合

a）申請年月日：供託をする日

b）供託所の表示：供託をする供託所名（法務局名）

c）供託者の住所氏名：担保提供者（第三者）の住所氏名

・供託者が自然人（個人）の場合：正確に記載します。可能であれば，住民登録上の住所氏名（住民票上の住所氏名）と同じ表記にすることが望ましいです。

・供託者が法人の場合：自然人の場合と同じく，正確に記載します。法人の登記事項証明書の記載と同じ表記にするようにします。

d）被供託者の住所氏名：債務者の住所氏名

・被供託者が自然人（個人）の場合：正確に記載します。不動産仮差押申立書に記載している債務者の住所氏名と同じ表記にするようにします。

・被供託者が法人の場合：自然人の場合と同じく，正確に記載します。不動産仮差押申立書の債務者の所在地・法人名と法人の登記事項証明書の記載と同じ表記にするようにします。ただし，代表者の氏名の記載は不要です。

e）供託金額：供託する金額（担保提供する金額）を記載します。冒頭に「¥」を記載します。

f）法令条項：「民事保全法第14条第１項」と記載します。

g）裁判所の名称及び件名等：申立てをした裁判所名と事件番号，事件名を記載します。当事者の部分は，「債権者」と「債務者」の左側の部分に「○」をつけ，債権者の下部に「債権者名」，債務者の下部に「被供託者」と記載します。

h）供託の原因たる事実：「仮差押の保証」の左側の部分に「○」をつけます。

【書式】供託書・OCR用（②第三者が担保提供者の場合）

供託書・ＯＣＲ用
（裁判上の保証及び仮差押・仮処分解放金）

□字加入　□字削除　｜係員印｜受付｜調査｜記録｜　頁 ／　（第２号様式　印供第32号）

申請年月日	a）平成 ○ 年 ○ 月 ○ 日
供託所の表示	b）東京法務局
供託者の住所氏名	住所 c）東京都○○区○○町○丁目○番○号 氏名・法人名等 法務二郎 代表者等又は代理人住所氏名
	□別添のとおり ふたりめからは別紙継続用紙に記載してください。
被供託者の住所氏名	住所 d）東京都○○区○○町○丁目○番○号 氏名・法人名等 株式会社○○
	□別添のとおり ふたりめからは別紙継続用紙に記載してください。
供託金額	百 十 億 千 百 十 万 千 百 十 円 e）¥500000
	㊞ 年 月 日

f）

法令条項	民事保全法第14条第１項

g）

裁判所の名称及び件名等	東京地方 裁判所　支部 平成 26 年（ヨ）第 ＊＊＊ 号 不動産仮差押命令申立 事件
当事者	□原告 □申請人 ◯債権者　△△株式会社
	□被告 □被申請人 ◯債務者　被供託者
供託の原因たる事実	□訴訟費用の担保　□仮執行の担保　□仮執行を免れるための担保 □強制執行停止の保証　□強制執行取消の保証　□強制執行続行の保証 ◯仮差押の保証　□仮差押取消の保証　□仮処分の保証　□仮処分取消の保証 □仮差押解放金　□仮処分解放金 □その他
備考	第三者供託 債権者の住所　東京都○○市○○町○丁目○番○号 債権者の氏名　△△株式会社 債権者△△株式会社に代わり，供託者が第三者として供託する

（注）1．供託金額の冒頭に¥記号を記入してください。なお，供託金額の訂正はできません。
2．本供託書は折り曲げないでください。

↓ 濁点、半濁点は１マスを使用してください。

供託者カナ氏名	ホウムシ゛ロウ

100000

ｉ）備　考：「第三者供託」と「債権者の住所氏名」と題して，債権者の住所氏名を正確に記載します。不動産仮差押申立書に記載している申立債権者の住所氏名と同じ表記にするようにします。

③　申立債権者が担保提供者で，管外供託をする場合

ａ）申請年月日：供託をする日

ｂ）供託所の表示：管外供託をする供託所（法務局）

ｃ）供託者の住所氏名：申立債権者の住所氏名

・供託者が自然人（個人）の場合：正確に記載します。不動産仮差押申立書に記載している申立債権者の住所氏名と同じ表記にするようにします。

・供託者が法人の場合：自然人の場合と同じく，正確に記載します。不動産仮差押申立書の債権者の所在地・法人名と法人の登記事項証明書の記載と同じ表記にするようにします。

ｄ）被供託者の住所氏名：債務者の住所氏名

・被供託者が自然人（個人）の場合：正確に記載します。不動産仮差押申立書に記載している債務者の住所氏名と同じ表記にするようにします。

・被供託者が法人の場合：自然人の場合と同じく，正確に記載します。不動産仮差押申立書の債務者の所在地・法人名と法人の登記事項証明書の記載と同じ表記にするようにします。ただし，代表者の氏名の記載は不要です。

ｅ）供託金額：供託する金額（担保提供する金額）を記載します。冒頭に「¥」を記載します。

ｆ）法令条項：「民事保全法第14条第１項」と記載します。

ｇ）裁判所の名称及び件名等：申立てをした裁判所名と事件番号，事件名を記載します。当事者の部分は，「債権者」と「債務者」の左側の部分に「○」をつけ，債権者の下部に「供託者」，

【書式】供託書・OCR用（③申立債権者が担保提供者で，管外供託をする場合）

供託書・ＯＣＲ用
（裁判上の保証及び仮差押・仮処分解放金）

□字加入 □字削除	係員印	受付	調査	記録	頁 ／	（第２号様式 印供第32号）

申請年月日	a）平成○年○月○日
供託所の表示	b）東京法務局
供託者の住所氏名	住所 c）大阪市北区○○町○丁目○番○号 氏名・法人名等 法務三郎 代表者等又は代理人住所氏名 □別添のとおり ふたりめからは別紙継続用紙に記載してください。
被供託者の住所氏名	住所 d）東京都○○区○○町○丁目○番○号 氏名・法人名等 株式会社○○ □別添のとおり ふたりめからは別紙継続用紙に記載してください。
供託金額	e）¥5000000（百・十・億・千・百・十・万・千・百・十・円）
㊞	年　月　日

f）法令条項	民事保全法第14条第１項
g）裁判所の名称及び件名等	東京地方 裁判所　支部 平成26年（ヨ）第＊＊＊号 不動産仮差押命令申立 事件
当事者	□原告 □申請人 ◯債権者：供託者 □被告 □被申請人 ◯債務者：被供託者
供託の原因たる事実	□訴訟費用の担保　□仮執行の担保　□仮執行を免れるための担保 □強制執行停止の保証　□強制執行取消の保証　□強制執行続行の保証 ◯仮差押の保証　□仮差押取消の保証　□仮処分の保証　□仮処分取消の保証 □仮差押解放金　□仮処分解放金 □その他
備考	民事保全法第14条第２項の許可による供託

（注）1．供託金額の冒頭に¥記号を記入してください。なお，供託金額の訂正はできません。
2．本供託書は折り曲げないでください。

↓ 濁点、半濁点は１マスを使用してください。

供託者カナ氏名	ホウムサフ゛ロウ

100000

債務者の下部に「被供託者」と記載します。

h）供託の原因たる事実：「仮差押の保証」の左側の部分に「○」をつけます。

i）備　考：「民事保全法第14条第２項の許可による供託」と記載します。

コラム

「供託所」と「供託書」

読み方はどちらも「きょうたくしょ」となるので，「供託書」を「きょうたくがき」と言って区別する人もいます。必ずそうしなければならないわけではありませんが，裁判実務の世界では，このような「音」での区別をするために，敢えて耳慣れない「読み方」をすることがあります。

供託所の受付時間

東京や大阪など，大都市の法務局本局では，法務局内部に日本銀行のブースがあり，そこで現金を受け付けるようになっていますが，地方都市では，法務局で手続をした後に，指定の銀行（日本銀行の代理となっている銀行）へ行って現金を納付する場合があります。その場合，法務局自体は15時（午後３時）をすぎても業務をしていますが，銀行は15時に閉店するので15時をすぎてから法務局での手続をすると，現金の納付が翌日になってしまいます。そうなると，その分，保全命令の発令が遅れることになるので注意が必要です。

(7)　支払保証委託契約の締結の方法による担保提供

銀行，保険会社，商工組合中央金庫，農林中央金庫，信用金庫，労働金庫などと支払保証委託契約をすることにより，担保を提供する方法もあります（民保規２条）。

これは，銀行等との間において，支払保証委託契約を締結し，将来，債権者が債務者に対して損害賠償をしなければならなくなったときに，銀行等が債権者に代わって金銭を支払うことを約束する方法で担保を立てる制度です。そのためには，担保となるものをどのような形で銀行が確保するかなのですが，一般的には，当該銀行に定期預金口座を開設し，その預金を担保とする方法が使われます。

「支払保証委託契約の締結の方法」による担保提供の流れは，次のようになります。

１）「支払保証委託契約の締結の方法」を取り扱う機関を探す

支払保証委託契約の締結の方法による担保提供を取り扱っている機関は限られていますので，あらかじめどこの金融機関でできるかを調べておく必要があります。

２）支払保証委託契約の締結の方法による立担保許可の申立て

債権者は，裁判所に対して，支払保証委託契約の締結の方法による立担保許可の申立てをします（民保規２条）。

実務としては，仮差押えの申立てと同時に「支払保証委託契約の締結の方法による立担保許可の申立書」を提出します。

３）許可書謄本の交付

裁判所は，法定の要件が満たされ，その他債務者に不利益がないことなどを考慮したうえで，許可を出します。許可が出されると，債権者に対して，「許可書謄本」が交付されます。

【書式】支払保証委託契約による立担保の許可申立書

①事件番号は立件前なので空白のまま

平成25年(ヨ)第　　　号　不動産仮差押命令申立事件
　債権者　○　○　○　○
　債務者　×　×　×　×

支払保証委託契約による立担保の許可申立書

平成25年○月○日

東京地方裁判所　第×民事部　御中

債権者代理人弁護士　○　○　○　○　印

②金額が決まるまで空白のまま

頭書事件について，金　　　万円の担保を立てることを命じられた。よって，民事保全法４条１項，民事保全規則２条の規定により，上担保を下記銀行と支払保証委託契約を締結する方法によって立てることを許可されたく申請します。

記

所在地　東京都中央区世界橋54丁目21番22号
　　　　株式会社凸凹銀行　　中央支店

③銀行名・支店名まで特定する

④裁判所が記入する部分

本申立てを許可する。
　平成　　年　　月　　日
　　東京地方裁判所　第×民事部
　　　　　　裁判官

これは謄本である。
　平成　　年　　月　　日
　　東京地方裁判所　第×民事部
　　裁判所書記官

【書式】許可書謄本

①事件番号が記入される

平成25年(ヨ)第○○○○号　不動産仮差押命令申立事件

債権者　○　○　○　○

債務者　×　×　×　×

支払保証委託契約による立担保の許可申立書

平成25年○月○日

東京地方裁判所　第×民事部　御中

債権者代理人弁護士　○　○　○　○　印

②担保の金額が記入される

頭書事件について，金　**25**　万円の担保を立てることを命じられた。よって，民事保全法４条１項，民事保全規則２条の規定により，上担保を下記銀行と支払保証委託契約を締結する方法によって立てることを許可されたく申請します。

記

所在地　東京都中央区世界橋54丁目21番22号

株式会社凸凹銀行　中央支店

③許可年月日・裁判官・書記官名が記入される

本申立てを許可する。

平成**25**年○月○日

東京地方裁判所　第×民事部

裁判官　○　○　○　○

これは謄本である。

平成**25**年○月○日

東京地方裁判所　第×民事部

裁判所書記官　○　○　○　○　印

4）銀行等との間での「支払保証委託契約」の締結，裁判所への証明書の提出

裁判所から受け取った「支払保証委託契約による立担保許可」の許可書謄本を支払保証委託契約を締結する銀行等に提出して，当該銀行等と支払保証委託契約を締結します。契約書などは，当該銀行等に用意されています。その他，代理人となって銀行等と契約をする時は，銀行等に対する委任状が必要となります。

支払保証委託契約を締結する際，銀行等に対して，「保証料」を支払います。保証料の額は，銀行等が規定しています。

銀行等と契約を締結した後は，銀行等から契約を締結した旨の証明書が交付されます。一般的には，支払保証委託契約書のコピーの末尾に契約を締結した旨の証明文が付されたものが交付されます。

交付を受けた証明書を裁判所に提出して完了です。

(8)　担保提供後の手続

1）供託により担保提供をした場合

供託完了後，供託書の正本または写しを裁判所に提出します（裁判所によっては，供託書の正本を提出する，供託書の正本の写しを提出する，供託書の正本と写しをそれぞれ提出するなど，運用が異なります）。それと同時に，仮差押えの嘱託登記のための登録免許税を納めます。一般的には，登録免許税に相当する額の収入印紙を裁判所に提出します。

登録免許税の額は，請求債権額（被保全債権額）の1000分の４（100円未満切り捨て）です。

その後，裁判官から，不動産仮差押決定が出され，決定正本を受け取ります。決定が出されるまでには時間がかかります。

とりあえず，決定が出され，その決定正本を受け取ると，事務職員としての仕事は，一段落です。

コラム

「支払保証委託契約の方法による担保提供」のデメリット

支払保証委託契約の方法による担保提供は，現在（平成25年）では，あまり利用されなくなってきています。その理由として，

① 保証料の負担があること

② 担保となる定期預金口座の開設手続に本人確認が必要となること

などがあります。

銀行金利が高かった頃（バブル期あたり），担保となる定期預金の金利も高かったので，金利によって生まれる定期預金の利息が保証料を上回っており，事実上，保証料の負担がありませんでした（金利でまかなえた）。しかし，バブルが崩壊して，ゼロ金利時代になると，定期預金でも金利が低いため，保証料の額の方が金利を上回り，債権者が保証料を負担しなければならず，仮差押えの期間（紛争解決までの時間）が長くなればなるほど，その保証料の負担も大きくなります。

また，現在では，銀行預金口座を開設するには，本人確認などの手続が必要となり，仮に代理人弁護士の名前で預金口座を開設するとしても，代理人弁護士の本人確認，さらに，銀行によっては，依頼者である債権者（担保提供者）の本人確認を要求したり，その基準は不明確で，銀行によって基準が異なります。迅速性を要求される保全事件で，このような手間のかかる手続は，不向きです。

そのようなことから，現在では，法テラスが関係する案件や，特定の金融機関が債権者となっているような特殊なケースを除いては，あまり利用されなくなってきているのが実状です。

【事例６】 被保全債権が20,000,000円の売買代金債権であり，支払日から不動産仮差押申立日までの遅延損害金が246,575円である場合。

請求債権額は20,000,000円＋246,575円＝20,246,575円ですので，その1000分の４は，20,246,575円×4／1000＝80,986円（小数点以下切り捨て）となり，100円未満を切り捨てて，登録免許税額は，80,900円となります。

２）支払保証委託契約の方法により担保提供をした場合

金融機関との支払保証委託契約が完了すると，（金融機関によって多少の違いはありますが）金融機関から契約書の写しが交付されます。その契約書には，契約が成立した旨の証明文言が記載され，押印されています。これが「契約成立の証明書」となります。

その「契約成立の証明書」（契約書の写し）を裁判所に提出し，登録免許税に相当する額の収入印紙を裁判所に提出します。

その後は，供託による場合と同じく，裁判官から不動産仮差押決定正本が出され，それを受け取ります。

(9)　不動産仮差押えの執行

不動産仮差押えの執行は，仮差押えの登記をする方法，または強制管理の方法によって行われます（民保47条１項～５項）。

１）仮差押えの登記をする方法による執行

仮差押えの登記は，裁判所の「嘱託登記」によって行われますので（民保47条３項），申立人がすることは特にありません。念のため，決定が出されてから２週間ほど経った後に，対象不動産の登記を調べておく方がよいでしょう。

登記による執行ができないケース（執行不能）として考えられるのは，対象不動産の所有名義が嘱託登記の前に債務者から第三者に移転している場合です。つまり，仮差押えの決定が出され，嘱託登記の申請書類が法務局に到達する前に，対象不動産が他人（第三者）に譲渡されてしまっているケースです。その場合，申立てそのものを取り下げることになります。

2）強制管理の方法による執行

強制管理とは，債務者の所有する不動産から生ずる収益（賃料など）を管理人によって徴収，換価する方法によって行われる執行です。仮差押えの場合，管理人は，徴収した収益を換価・供託し，その事情を保全執行裁判所に届け出ます（民保47条４項）。また，対抗要件を備えるために，仮差押えの登記をします（民保47条５項，民執111条，48条）。

5 不動産処分禁止の仮処分申立て（登記請求権の保全）

⑴　対象不動産の調査

不動産処分禁止の仮処分申立て（登記請求権の保全）において，対象となるのは，係争の対象となっている不動産なので，仮差押えと比べると，「どの不動産を対象とするか」という調査は不要となります。

⑵　添付資料の収集

1）当事者の関係で必要なもの

債権者の登記請求権を保全するための不動産処分禁止の仮処分申立てにおいて，「仮処分の相手方（債務者）と登記上の登記義務者（所有者）が同一であること」が必要になるので，この両者が一致するかどうかを確認しておく必要があります。

つまり係争物となっている不動産の所有者に対し，

a）所有権をこちら（債権者）に移転する手続（所有権移転登記手続）をせよ。

b）前の所有者から現在の所有者（債務者）への所有権移転登記を抹消（抹消登記手続）をせよ。

c）債権者のために，抵当権設定登記手続をせよ。

という本案訴訟を後に提起する予定であることが前提です。その場合において，その登記上の所有者が，現在も同じ住所，名前であるかどうか，を確認しておくということです。

ピンとこない人もいるでしょうが，登記は一度すると，そのあと住所を移転しようが，結婚，養子縁組，離婚などで姓が変わろうが，そのままの状態でおかれていることが多いです（もちろん，こまめに変更登記をする人もいますし，登記上の所有者の住所氏名がその後も変更していないこともあります）。そこで，その登記上の所有者に対し，本案訴訟の前に仮処分の申立てをしようと考えたときに，登記上の所有者の現住所と名前が変わっている，ということもあります。そこで，「登記上の所有者＝

仮処分の相手方（債務者）」となるように，住民票の写しや戸籍謄本で同一性を証明しておく必要があります。

その方法は，不動産仮差押申立て（→P.154以下）で説明したことと同じです。

2）対象不動産の関係で必要なもの

a）不動産登記事項証明書

b）固定資産評価証明書

これらは，不動産仮差押申立てのときと同じです。

3）その他必要なもの

① 被保全債権の疎明資料

登記請求権が被保全債権となっているので，その登記請求権が発生した根拠となるものが，被保全債権の疎明資料となります。

【事例７】 不動産の売買契約において，買い主が代金を支払ったのに，売り主が所有権移転登記手続に協力しない場合。

↓

登記請求権（所有権移転登記手続請求権）の根拠は，不動産の売買契約だから，その売買契約に関係する書類が疎明資料となる。

【事例８】 不動産の売買契約において，売買を原因とする所有権移転登記をしたが，その後，買い主が代金を支払わないので，売り主が買い主に対し，売買契約の解除をし，不動産の所有権登記を売り主に戻そうとした場合。

↓

売買契約を解除して，売買を原因とする所有権移転登記を抹消することが目的なので，抹消登記請求権（所有権移転登記抹消登記手続請求権）の根拠は，不動産の売買契約，その解除権の行使なので，その売買契約の成立と解除に関係する書類が疎明資料となる。

②　委任状

不動産仮差押えの場合と同じです。申立時に添付する委任状と，担保提供の時の供託用の委任状の２通を依頼者からもらっておくとよいでしょう。

(3)　提出準備

提出前の確認で，不動産仮差押申立ての時と同じく，「提出先の裁判所名」，「当事者の住所・氏名」，「対象不動産の表記」，全体の誤字・脱字・「てにをは」等の確認をします。

【書式】不動産仮処分命令申立書

不動産仮処分命令申立書

平成25年４月12日

①意外に間違える

東京地方裁判所　御　中

債権者代理人　弁護士　○　○　○　○

当事者の表示　　　別紙当事者目録記載のとおり
不動産の表示　　　別紙物件目録記載のとおり
仮処分によって保全すべき権利　　所有権移転登記手続請求権

申　立　の　趣　旨

債務者は，別紙物件目録記載の不動産について，譲渡並びに質権，抵当権及び賃借権の設定その他一切の処分をしてはならない。
との裁判を求める。

②誤字・脱字・「てにをは」のチェック・仮差押えとの違い

申　立　の　理　由

第１　被保全権利
　１　債権者は……（省略）……
　２　債務者は……（省略）……
　３　よって，債権者は債務者に対し，……の債権を有する。

第２　保全の必要性

債権者は，債務者に対し，所有権移転登記手続請求を求める本案訴訟を提起すべく準備中である。しかしながら，債務者は，債権者が再三請求しても，所有権移転登記手続の申請を行わず，本件不動産を申立外○○に二重譲渡し，申立外○○への所有権移転登記手続をする可能性が極めて高い。債務者が，せっかく本案勝訴判決を得ても，その執行が不能ないし著しく困難となる。

よって，本申立に及んだ次第である。

疎　明　方　法

1．甲第１号証　　○○○○○○
2．甲第２号証　　××××××
3．甲第３号証　　…………
4．甲第４号証　　…………
5．甲第５号証　　…………

③誤字・脱字・「てにをは」のチェック・仮差押えとの違い

附　属　書　類

1．甲号証写し　各１通
2．不動産登記事項証明書　１通
3．固定資産評価証明書　１通
4．委　任　状　１通

【書式】当事者目録

当　事　者　目　録

〒×××－××××　東京都中央区形人町○丁目×番△号
債　　権　　者　　△　△　△　△

〒×××－××××　東京都中央区世界橋○丁目×番△号
世界法律事務所（送達場所）
TEL　03－＊＊＊＊－＊＊＊＊
FAX　03－＊＊＊＊－＊＊＊＊
上記代理人弁護士　○　○　○　○

〒×××－××××　横浜市横浜区横浜○丁目×番△号
債　　務　　者　　×　×　×　×

④当事者の住所・氏名のチェック

【書式】物件目録

物　件　目　録

⑤不動産登記事項証明書と照合してチェック

1．所　　在　　中央区日本橋形人町三丁目
　　地　　番　　105番28
　　地　　目　　宅　地
　　地　　積　　60㎡75

2．所　　在　　中央区日本橋形人町三丁目105番地28
　　家屋番号　　105番28
　　種　　類　　居　宅
　　構　　造　　木造スレート葺2階建
　　床 面 積　　1　階　　34㎡38
　　　　　　　　2　階　　32㎡22

【書式】登記権利者・義務者目録

登記権利者・義務者目録

東京都中央区形人町〇丁目×番△号
登記権利者　△　△　△　△

横浜市横浜区横浜〇丁目×番△号
登記義務者　×　×　×　×

⑥不動産登記事項証明書上の所有者の住所を記載

申立書の確認が済んだら，書証（作り方は民事訴訟P.88以下を参照），添付書類を整えて，印紙（一事件につき2,000円），郵券（提出先の裁判所に確認する）を用意して，裁判所に提出します。

⑷　申立て・補正・裁判官面接・担保額決定・担保提供

申立後の手続は，不動産仮差押えのときと同じです。申立てをした後，立件されると事件番号が付され（地方裁判所では平成〇年(ヨ)第＊＊＊＊号，簡易裁判所では平成〇年(ハ)第＊＊＊＊号）。その後，裁判官に記録がまわされ，債権者（代理人）が裁判官と面接し，担保額が決まります。

担保額が決まると，供託もしくは金融機関との間で支払保証委託契約を締結する方法により，担保を提供します。

(5)　担保提供後の手続

担保提供後，供託書の正本または写し，もしくは支払保証委託契約の成立した証明書と仮処分登記用の登録免許税を提出します。

登録免許税は，本事例の場合，所有権に対する仮処分ですので，不動産の評価額の1000分の４が登録免許税額（100円未満切り捨て）になります。その金額に相当する収入印紙を裁判所に提出します。

(6)　不動産仮処分の執行―仮処分の登記をする方法による執行―

本事例の場合は，対象不動産に対して，仮処分の登記をする方法によって執行されます（民保53条１項）。

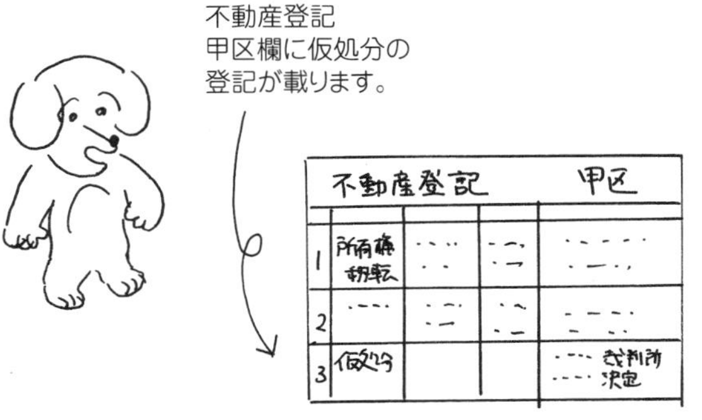

6　債権仮差押えの申立て

(1) 仮差押えの対象となる債権

債権仮差押えの対象となるのは，債務者が第三者に対して有している債権です。

債権執行とは違い，債権仮差押えは，本案訴訟の結論が出される前に行うもので，万一，債権仮差押えを申し立てても，対象となる債権がない，または既に弁済されて消滅した，第三債務者が相殺を主張した等，「空振り」に終わってしまうと，保全できないうえに，相手にこちらの意図が知られてしまうなど，デメリットの方が大きいので，将来，本案訴訟で勝訴判決がとれた後に確実に債権執行で回収できるものを対象とする方がよいでしょう。

次に，対象となる債権の調査を行うにあたり，確認しておかなければならない事項は，

① 仮差押えをする債権はどのような債権か（預金債権，給与債権，売買代金債権，請負代金債権など）

② 第三債務者はだれか（預金先の銀行名，相手方の勤務先，取引先など）

です。申立ての段階では，仮差押えをする債権の金額は不明でもかまいません（わかる方がよいのですが，あまり深入りして調べると，相手に動きを察知される可能性もあります）。

債権は，不動産とは違い登記を調べてわかるものではないので，調査にはある程度確かな情報が必要になります。とは言っても，一般民間人の立場で，他人の財産を調査することは，とても困難です（探偵でも難しいです）。ですからある程度，相手の状況を知っておく必要があります。裏を返せば，全く知らない他人を相手にするときは，事実上，債権の仮差押えはできない，ということです。

そうすると，対象となる債権として考えられるのは，

① 銀行預金

② 給　料

に絞られてきます。もちろん，日常的に取引している相手で，相手がどのよ

うな業者と取引をして，どのような債権があるのかわかっているなら，その債権の仮差押えをすることもできます。たとえば建築業者で公共工事を請け負っているなどの情報を得ているならば，その請負代金が対象となり得ます。

銀行預金の仮差押えをするときは，できれば「銀行名・支店名」を特定する方がよいでしょう。給料を差し押える場合，給料の支払元であり第三債務者となる会社や団体の登記事項証明書を手に入れなければなりません。公務員の場合は，国家公務員か地方公務員かで第三債務者が変わります。その点を慎重に調べる必要があります。

(2) 添付資料の収集

1）当事者の関係で必要なもの

当事者が法人である場合，その「法人格を証する書面」が必要となります（法人の登記事項証明書や代表者事項証明書など）。

当事者が自然人（個人）または法人で，現在の住所地または本店所在地と登記上の住所地または本店所在地が異なる場合，そのつながりがわかる資料（住民票の写しや戸籍の附票，登記事項証明書）が必要となります。この点は，不動産の仮差押えと同じです。

不動産仮差押えと異なる点は，当事者に第三債務者が加わることです。第三債務者となるのは，会社や団体などの法人であることが多いでしょうが，自然人（個人）であることもあり得ます。いずれにしても，第三債務者の本店所在地（主たる事務所の所在地）や住所などは，登記事項証明書や住民票の写しで確認しておく必要があります。

2）その他必要なもの

① 被保全債権の疎明資料

この点については，不動産仮差押えと同じです。不動産仮差押えも債権仮差押えも，保全される債権は金銭債権で，仮差押えの対象となるのが不動産か債権かの違いだけですから，被保全債権の疎明資料として用意するものは，不動産仮差押えのときと同じとなります。

②　委任状

不動産仮差押えのときと同じく，後日，本案訴訟を提起する予定ですので，本案訴訟のための委任状と保全事件についての委任状，さらに，仮差押決定正本を執行官によって送達しなければならないような場合には，執行官申立用の委任状も必要となります。

さらに，担保提供をするための委任状も必要となります。ですので，仮差押えだけを考えると，２通もしくは３通必要となります。

(3)　提出準備

弁護士が申立書を作成した後，提出前に確認しておきます。「提出先の裁判所名」，「当事者の住所・氏名」，「対象不動産の表記」，全体の誤字・脱字・「てにをは」等の確認をします。

1）申立書

①　銀行預金の仮差押えの場合

【書式】債権仮差押命令申立書（銀行預金の仮差押え）

債権仮差押命令申立書

①意外に間違える

平成25年４月12日

東京地方裁判所　　御　中

債権者代理人　弁護士　○　○　○　○

当事者の表示　　　別紙当事者目録記載のとおり
請求債権の表示　　別紙請求債権目録記載のとおり
仮差押債権の表示　別紙物件目録記載のとおり

申 立 の 趣 旨

債権者の債務者に対する前記請求権の執行を保全するため，債務者の第三債務者に対する別紙仮差押債権目録記載の債権は，仮に差押える。

第三債務者は，債務者に対し，仮差押えに係る債務の支払をしてはならない。との裁判を求める。

②誤字・脱字・「てにをは」のチェック

申 立 の 理 由

第１ 被保全権利

１ 債権者は……（省略）……

２ 債務者は……（省略）……

３ よって，債権者は債務者に対し，……の債権を有する。

第２ 保全の必要性

債務者は，前記債務の履行を怠り，……。よって，債権者の債権を保全するため，本件申立をする次第である。

疎 明 方 法

１．甲第１号証	金銭消費貸借契約書
２．甲第２号証	印鑑登録証明書
３．甲第３号証	期限の利益喪失通知書
４．甲第４号証	陳述書

③号証番号，名称，通数のチェック

附 属 書 類

１．甲号証写し	各１通
２．現在事項証明書（登記事項証明書）	１通
３．委 任 状	１通

【書式】当事者目録

当　事　者　目　録

〒×××-××××　東京都中央区形人町○丁目×番△号
債　　権　　者　　△　△　△　△

〒×××-××××　東京都中央区世界橋○丁目×番△号
世界法律事務所（送達場所）
TEL　03-＊＊＊＊-＊＊＊＊
FAX　03-＊＊＊＊-＊＊＊＊
上記代理人弁護士　○　○　○　○

〒×××-××××　東京都中央区真葉町○丁目×番△号
債　　務　　者　　×　×　×　×

④当事者の住所・氏名のチェック

〒×××-××××　横浜市神奈川区横浜○丁目×番△号
第三債務者　　株式会社浜横銀行
代表者代表取締役　○　○　○　○
（送達場所　〒×××-××××
横浜市横浜区横賀須○丁目○番○号
株式会社浜横銀行　横賀須支店）

【書式】請求債権目録

請　求　債　権　目　録

⑤全体の誤字・脱字・「てにをは」のチェック

金 9,714,147円 ← **⑥1．と2．の合計額の検算**

但し，債権者と債務者との間の平成○年○月○日付金銭消費貸借契約に基づく下記債権合計額。

記

1．元金 9,600,000円

2．遅延損害金 114,147円 ← **⑦遅延損害金の額の検算**

上記元金に対する平成○年○月○日から平成×年×月×日まで（○日間）年14パーセントの割合（計算方法は年365日の日割計算）に基づく遅延損害金。

【書式】仮差押債権目録

仮差押債権目録

金 9,714,147円

但し，債務者が第三債務者（○○支店扱い）に対して有する下記預金債権のうち下記に記載する順序に従い，頭書金額に満つるまで。

記

1．差押えのない預金と差押えのある預金があるときは，次の順序による。

⑴　先行の差押え・仮差押えのないもの

⑵　先行の差押え・仮差押えのあるもの

2．円貨建預金と外貨建預金があるときは，次の順序による。

⑴　円貨建預金

⑵　外貨建預金　差押命令が第三債務者に送達された時点における第三債務者の電信買相場により換算した金額（外貨）。

ただし，先物為替予約がある場合には，原則として予約された相場により換算する。

3．数種の預金があるときは，次の順序による。

⑴　定期預金

⑵　定期積立

⑶　通知預金

⑷　貯蓄預金

⑸　納税準備預金

⑹　普通預金

⑺　別段預金

⑻　当座預金

4．同種の預金が数口あるときは，口座番号の若い順序による。

なお，口座番号が同一の預金が数口あるときは，預金に付せられた番号の若い順序による。

②　給料の仮差押えの場合

【書式】債権仮差押命令申立書（給料の仮差押えの場合）

債権仮差押命令申立書

平成25年４月12日

①意外に間違える

東京地方裁判所　御　中

債権者代理人　弁護士　○　○　○　○

当事者の表示　　　別紙当事者目録記載のとおり
請求債権の表示　　別紙請求債権目録記載のとおり
仮差押債権の表示　別紙物件目録記載のとおり

申　立　の　趣　旨

債権者の債務者に対する前記請求権の執行を保全するため，債務者の第三債務者に対する別紙仮差押債権目録記載の債権は，仮に差押える。

第三債務者は，債務者に対し，仮差押えに係る債務の支払をしてはならない，との裁判を求める。

②誤字・脱字・「てにをは」のチェック

申　立　の　理　由

第１　被保全権利
　１　債権者は……（省略）……
　２　債務者は……（省略）……
　３　よって，債権者は債務者に対し，……の債権を有する。

第２　保全の必要性

債務者は，前記債務の履行を怠り，……。よって，債権者の債権を保全するため，本件申立をする次第である。

疎　明　方　法

１．甲第１号証　　金銭消費貸借契約書
２．甲第２号証　　印鑑登録証明書
３．甲第３号証　　期限の利益喪失通知書
４．甲第４号証　　陳述書

③号証番号，名称，通数のチェック

附　属　書　類

1．甲号証写し　各1通
2．現在事項証明書（登記事項証明書）　1通
3．委　任　状　1通

【書式】当事者目録

当　事　者　目　録

〒×××－××××　東京都中央区形人町○丁目×番△号
債　権　者　△　△　△　△

〒×××－××××　東京都中央区世界橋○丁目×番△号
世界法律事務所（送達場所）
TEL　03－＊＊＊＊－＊＊＊＊
FAX　03－＊＊＊＊－＊＊＊＊
上記代理人弁護士　○　○　○　○

〒×××－××××　東京都中央区真葉町○丁目×番△号
債　務　者　×　×　×　×

④当事者の住所・氏名のチェック

〒×××－××××　横浜市神奈川区横浜○丁目×番△号
第三債務者　株式会社須賀横産業
代表者代表取締役　○　○　○　○

【書式】請求債権目録

> **請　求　債　権　目　録**
>
> **⑤全体の誤字・脱字・「てにをは」のチェック**
> 金 9,714,147円 ← **⑥1．と2．の合計額の検算**
> 但し，債権者と債務者との間の平成○年○月○日付金銭消費貸借契約に基づく下記債権合計額。
>
> 記
>
> 1．元金 9,600,000円
>
> 2．遅延損害金 114,147円 ← **⑦遅延損害金の額の検算**
> 上記元金に対する平成○年○月○日から平成×年×月×日まで（○日間）年14パーセントの割合（計算方法は年365日の日割計算）に基づく遅延損害金。

2）第三債務者に対する陳述催告の申立書

債権は，その存否が目に見えるわけではないので，仮差押えをしただけでは，その存否がはっきりしません。そこで，債権仮差押えでは，申立てと同時に「第三債務者に対する陳述催告の申立て」をすることができます。この申立てをすると，第三債務者は，仮差押えの対象となった債権の存否・弁済の意思の有無についての陳述書を仮差押命令送達の日から2週間以内に提出するよう催告を受け，故意または過失により陳述しなかったとき，または虚偽の陳述をしたときは，それによって生じた損害の賠償責任が生じます（民保50条5項，民執147条）。

3）提　出

申立書の確認が済んだら，不動産の仮差押えの時と同じように，書証（作り方は民事訴訟P.88以下を参照），添付書類を整えて，印紙（一事件につき2,000円），郵券（提出先の裁判所に確認する）を用意して，裁判所に提出します。

【書式】第三債務者に対する陳述催告の申立書

平成25年(ヨ)第　　　　　号　債権仮差押命令申立事件
債　権　者　　△　　△　　△　　△
債　務　者　　×　　×　　×　　×
第三債務者　　株式会社須賀横産業

第三債務者に対する陳述催告の申立書

平成25年　月　日

東京地方裁判所　御中

債権者代理人　弁護士　　○　　○　　○　　○

頭書事件について，第三債務者に対し，民事保全法50条５項・民事執行法147条１項に規定する陳述の催告をされたく申し立てます。

(4)　申立て・補正・裁判官面接・担保額決定・担保提供・命令正本受領

申立後，立件されると事件番号が付されます（地方裁判所では平成○年(ヨ)第＊＊＊＊号，簡易裁判所では平成○年(ハ)第＊＊＊＊号）。その後，裁判官に記録がまわされ，債権者（代理人）が裁判官と面接し，担保額を決定します。

担保提供の方法は，不動産仮差押えの場合と同じです（P.166以下）。

担保提供後，供託書の正本，または支払保証委託契約書の写しを裁判所に提出して，債権仮差押命令正本を受領します。

債権仮差押えの場合は，不動産仮差押えと異なり，通常は登録免許税が不要です。しかし，登記された担保権（抵当権や根抵当権）の被担保債権（担保権付債権）を仮差押えするときなど，登録免許税が必要となる場合があります。

(5)　債権仮差押えの執行

債権仮差押えの執行は，第三債務者に対し債務者への弁済を禁止する命令を発する方法によって行われます（民保50条１項）。具体的な方法としては，第三債務者に決定正本を送達することで行います（民保50条５項，民執145条３項）。これによって，第三債務者は，自己が負担する債務について仮差押えがなされたことを認識し，債務者への弁済を止めることになります。ただ，第三債務者にとっては，弁済を止めるように命令されただけで，債務が消えてなくなるわけではありません。

他方，債務者に対しては，仮差押決定正本が送達されることにより，仮差押えをされた債権についての取立てや譲渡などが禁じられます。

7　民事保全事件の取下げ

不動産仮差押えや不動産仮処分，債権仮差押事件は，あくまでも保全事件ですから，その後，本案訴訟を提起して，本執行の手続に移行することが前提となっています。

しかし，これらの保全事件の申立てをすると，その決定正本が相手方である債務者に送達され，それを見た債務者からの申出によって，任意に話し合いが行われ，紛争が解決することがあります。そうなると，仮差押えなどの保全事件は，本案訴訟を待たずに紛争が解決したのですから，取り下げる必要が生じます。

保全事件の取下げには，（本案訴訟の取下げと混同している人が多いのですが）債務者の同意は不要です。もちろん，債務者が同意した上で取下げをしてもかまいませんが，その場合は，取下書の副本が債務者に送付されません。

⑴　不動産仮差押え，不動産処分禁止の仮処分の取下げの必要書類

①　取下書

裁判所用の正本と債務者用の副本を提出します。対象となっている不動産の表示（物件目録）には，仮差押え・仮処分の登記の順位を（「甲区○番」のように）記載します。

②　登記用物件目録

仮差押え・仮処分の対象となっている不動産の目録を登記事項証明書に従って作成します。

③　登記権利者・義務者目録

取下げの場合は，登記権利者が債務者で，登記義務者が債権者になります。

④　登録免許税

仮差押え・仮処分の登記を抹消するための登録免許税です。

金額は仮差押え・仮処分の対象となった物件ごとに1,000円です。たとえば，土地と建物を１つの申立てで仮差押えをした場合，2,000円と

なります。

ここで，注意しなければならないのは，マンションのような敷地権付きの共同住宅の場合，１つの登記事項証明書の中に，建物と敷地権の登記があり，仮差押え・仮処分の効力は，建物と敷地権に及んでいますので，このような場合は，登記事項証明書は１通でも建物と敷地権の登記の数の分だけ抹消用の登録免許税が必要となります。つまり，

ａ）マンションの一室と土地１筆の場合

（建物+敷地）×1,000円＝2,000円

ｂ）マンションの一室と土地２筆の場合

（建物+敷地×２）×1,000円＝3,000円

となります。

⑤　郵　券

抹消の嘱託登記と登記済証返送用の郵券が必要になります。金額は裁判所に確認します。おおよそ，510円が２組となっています。

この他に，債務者へ通知を要する（債務者の同意がない場合）には，債務者への通知用として90円の郵券が必要になります。

(2)　債権仮差押えの取下げの必要書類

①　取下書

裁判所用の正本と債務者と第三債務者用の副本を提出します。

②　郵　券

債務者と第三債務者に取下書副本を送付するため

「90円×（債務者＋第三債務者）」

の郵券が必要になります。

8　不服申立て

不服申立ての方法
はてさて?
ただいま
勉強中！
保全異議
即時抗告
保全取消し
お腹すいた…
やっぱり
おやつに
しましょう
おいしそう
いただきま～す！
ゆめちゃん
スゴイ…

保全事件の多くは，債務者の主張を聞かずに決定が出されるので，債務者が種々の不利益を受けることになります。また，申立債権者としても，申立てが却下されることもあります。

そこで，民事保全法では，

(1)　保全申立てを却下する裁判に対する債権者の即時抗告（民保19条１項）

(2)　保全命令の裁判に対する債務者の保全異議（民保26条～），保全取消しの申立て（民保37条～）

(3)　保全異議申立ておよび保全取消しの裁判に対する保全抗告（民保41条～）

が規定されています。

(1)　保全申立てを却下する裁判に対する債権者の即時抗告

保全申立てが却下された場合，債権者は，その告知を受けた日から２週間の不変期間内に，申立てを却下した裁判所（原裁判所）に即時抗告の申立てをすることができます（民保19条１項，７条，民訴331条，286条１項）。この抗告は書面ですることとなっています（民保規１条２号）。

即時抗告が却下されたときは，それに対して抗告をすることはできません（民保19条２項）。しかし，即時抗告の結果，最初の保全申立ての却下が取り消され（原決定取消），保全命令が発せられたら，債務者は，それに対し保全異議の申立て（民保26条）または保全取消しの申立て（民保37条～39条）をすることができます。

(2)　保全異議の申立て

保全異議は，一度発令された保全命令について，保全すべき権利または権利関係と保全の必要性を再度審査する制度で，債務者の不服申立ての手段です。

申立ては書面でしなければなりません（民保規１条３号）。

①　管　轄

保全命令を発した裁判所（民保26条）。

②　申立期間

特に期間の規定はなく，保全命令が有効に存在している限り，いつでも申立てをすることができます。

③　申立書

申立書には，保全命令事件の表示，債務者・債権者の住所氏名を記載し，債務者を「異議申立人」，債権者を「被申立人」と表記します。

そのほかに，申立ての趣旨，申立ての理由を記載します。

④　費　用

手数料は１件に付き500円（収入印紙で納付）。納付郵券については，提出する裁判所に確認します。

⑶　保全取消しの申立て

保全取消しは，一度発令された保全命令について，その後に生じた事情に基づいて取り消す手続で，

ａ）本案不提起による保全命令の取消し（民保37条）

ｂ）事情変更による保全命令の取消し（民保38条）

ｃ）特別の事情による仮処分命令の取消し（民保39条）

があります。このうちｃ）は仮処分命令固有の不服申立方法です。

１）本案不提起による保全取消しの申立て

これは，債務者の申立て（起訴命令申立て）により裁判所が債権者に対して，本案の訴えの提起を命じ，債権者が一定期間を経過しても本案の訴えを提起しないとき，債務者がこれを理由として保全命令の取消申立てをする制度です。

仮差押え，仮処分などは，本案訴訟で判決が出されるまでの暫定的な措置ですから，発令後は，債権者は本案訴訟で権利の確定を求めるはずですが，それを放置することもありえます。そうすると，不安定な立場

に置かれた債務者としては，早く決着をつけたいと思うので，そのためにこのような制度が設けられています。

この手続は，以下の順序に従って進みます。

① 起訴命令の申立て

債務者は，裁判所に対し，一定の期間内に本案の提起をするよう債務者に命令を出してもらう申立てをします。これが「起訴命令申立て」です。

起訴命令申立自体には，手数料は不要ですが，債権者に命令を告知し，期間を遵守させるため，送達の方法で命令が送られます。その送達用の郵券の納付が必要になります。

起訴命令には「債権者は，この決定送達の日から○日以内に，管轄裁判所に本案訴訟を提起するとともに，その提起を証する書面を当裁判所に提出し，既に本案訴訟を提起しているときは，その係属を証する書面を当裁判所に提出することを命ずる。」という主文が記載されています。

この起訴命令を受けた債権者は，本案を提起するとともに，その提起についての証明書を本案訴訟の管轄裁判所に申請して，それを起訴命令を発令した裁判所に提出しなければなりません。

② 保全取消しの申立て

起訴命令が発令されたにもかかわらず，債権者が決められた期間内に本案訴訟を提起しなかったときは，債務者は保全命令の取消しの申立てをすることができます。

申立ては書面によってします（民保規１条４号）。手数料は１件に付き500円（収入印紙で納付），納付郵券の要否は裁判所に確認します。

申立後，裁判所は審理のうえ，保全命令を取り消す決定を出します（民保37条３項）。

2）事情変更による保全取消しの申立て

仮差押えを受けた債務者が，債権者に対し，仮差押え後に被保全権利となっている金銭債権について全額弁済するなど，保全命令発令時には，保全すべき権利や保全の必要性が存在していても，その後の事情の変化により，保全すべき権利が消滅したり，保全の必要性がなくなることもあります。

このように，保全命令発令後に事情変更があった場合，債務者の申立てに基づいて保全命令を取り消す手続が，「事情変更による保全取消しの申立て」です。

申立書には，事情変更について具体的に記載し，証拠を提出しなければなりません（民保規24条３項）。

管轄裁判所は，保全命令の発令裁判所または本案係属の裁判所です（民保38条）。手数料は１件に付き500円（収入印紙で納付），納付郵券の要否は裁判所に確認します。

３）特別の事情による仮処分取消しの申立て

仮処分をすることによって，債務者に償うことができない損害が生じるおそれがあるとき，その他の特別な事情があるとき，債務者の申立てにより，担保を立てることを条件として，仮処分を取り消す制度です。

申立ての方法は，事情変更による保全取消しに準じます。

(4) 保全抗告

保全異議または保全取消しの申立てについての裁判に対して不服がある債権者または債務者は，その送達を受けた日から２週間以内に保全抗告の申立てができます（民保41条１項）。

保全抗告について裁判がされた場合，さらに抗告することはできません（民保41条３項）。

9　担保取消し

そらくん，
担保取消しが
できる場合について…
勉強しました！
・原告が全面勝訴のとき
・勝訴的和解・認諾
えっと
・和解条項の中に担保取消しの
同意の条項のあるとき
それから
……
・債務者の同意があるとき
・権利行使催告による
同意の擬制
も忘れずに
…そうでした！

保全事件では，相手方に損害が生じたときに備えて，その損害を補償するために担保を提供します。その担保は，損害を補償するためのものですから，相手方に損害が生じることがないと判明した後には必要なくなるので，担保提供者がその担保に提供した物（金銭）を取り戻す手続をします。その手続を「担保取消手続」といいます。

実際に担保を立てることが多いのは民事保全手続で，その次が強制執行停止申立事件でしょう。ここでは，民事保全手続を前提として，担保取消手続における事務処理の方法を解説していきます。

(1) 担保取消しができるのは誰か（申立権者・申立人）

担保取消申立てができるのは，「担保を提供した者（担保提供者）」です。民事保全事件で担保提供者となっているのは，民事保全事件の申立債権者でしょう。この他に，第三者が担保提供した場合は，その第三者が申立人になります。

さらに，担保提供者が死亡したり（自然人の場合），合併する（法人の場合）などして，担保提供者の地位が他人に承継されたような場合には，その承継人が申立権者となります。この場合，その承継を証するもの（相続の場合は戸籍謄本・戸籍記載事項証明書など，合併の場合は法人の登記事項証明書など）を申立書に添付します。

(2) 相手方となるのは誰か（被申立人）

被申立人となるのは，提供された担保によって損害を補償される予定であった者（担保権利者）です。通常は，民事保全事件の債務者がこれにあたります。

(3) 管轄裁判所

担保取消申立ての管轄裁判所は，その担保を立てることを命じた裁判所です。通常，民事保全事件では，仮差押え・仮処分の決定を出した裁判所（民保12条）となります。本案訴訟の管轄裁判所と保全の裁判所が異なる場合は，間違えないように注意する必要があります。

⑷　担保取消申立てができるのはどのような場合か

提供した担保は，将来，発生するかもしれない債務者の損害を補償するためのものですから，損害が発生しない，もしくは，損害が発生しても債務者自身がその賠償請求をしない，ということになれば，もはや担保を提供しておく必要がないので，担保取消申立てができるようになります。具体的には，次のような場合があります。

① 本案訴訟において，原告（債権者）が全面勝訴し，判決が確定したとき
② 本案訴訟において，原告（債権者）の勝訴的和解が成立したとき
③ 本案訴訟において，被告（債務者）が請求の認諾をしたとき
④ 債務者が担保取消しに同意したとき（民訴79条２項，民保４条２項）
⑤ 担保権利者に対する権利行使催告の期間が満了したとき（民訴79条３項）

⑸　担保取消申立ての手続（供託原因・支払保証委託契約原因消滅証明書の交付まで）

１）勝訴判決・勝訴的和解・請求の認諾による場合

〈必要書類〉

① 勝訴判決による場合

ａ）担保取消申立書
ｂ）判決正本（調書判決正本を含む）の原本と写し
　　写しと原本を照合し，原本は返還を受けます。
ｃ）判決確定証明書
ｄ）申立人の担保取消決定正本の請書
ｅ）供託（支払保証委託契約）原因消滅証明申請書とその請書

正本・副本各１通，手数料150円（収入印紙で納付）

f）担保取消決定正本の送達用郵券

特別送達郵便料（1,040円）×被申立人数

② 勝訴的和解・請求の認諾による場合

a）担保取消申立書

b）和解調書または認諾調書の原本と写し

写しと原本を照合し，原本は返還を受けます。

c）申立人の担保取消決定正本の請書

d）供託（支払保証委託契約）原因消滅証明申請書とその請書

正本・副本各１通，手数料150円（収入印紙で納付）

e）担保取消決定正本の送達用郵券

特別送達郵便料（1,040円）×被申立人数

〈手　続〉

申立時に書類を提出します。判決正本・和解調書・認諾調書などは，原本と照合した後，返却されます。

受付後，書類審査を経て「担保取消決定」が出され，当事者にその正本が送達されます。このとき，申立人が，担保取消決定正本の請書を事前に提出していれば，申立人には決定正本が送付されます。ですのでこの場合，送達用の郵券（1,040円）は被申立人の分だけでよく，申立人には送付用の郵券（普通郵便料）の提出，もしくは直接裁判所へ取りに行くのであれば，申立人への送付用の郵券は不要となります。

被申立人に送達されてから，即時抗告期間（民訴332条）の７日間を経過すると担保取消決定が確定し，供託（支払保証委託契約）原因消滅証明書が交付されます。

供託（支払保証委託契約）原因消滅証明書が交付された後，それを供託所（法務局）もしくは支払保証委託契約をした金融機関へ提出し，担保に供した金銭等を受領して，手続は終了します。

2）債務者の同意による場合

①　被申立人より同意書・放棄書・請書をもらう場合

〈必要書類〉

a）担保取消申立書

b）被申立人（債務者）の担保取消に対する同意書（実印押印）

c）被申立人の印鑑証明書

d）被申立人（債務者）の担保取消決定に対する即時抗告権の放棄書

e）申立人と被申立人（債務者）の担保取消決定正本の請書

f）供託（支払保証委託契約）原因消滅証明申請書とその請書
正本・副本各１通，手数料150円（収入印紙で納付）

g）担保取消決定正本の送付用郵券（裁判所に要確認）

〈手　続〉

債務者自身が担保取消しに同意する場合，それを書面として裁判所に提出しなければなりません。提出する書類として

「担保取消に対する同意書」

「担保取消決定に対する即時抗告権の放棄書」

「担保取消決定正本の請書」

があります。それぞれの書類に債務者の実印を押印し，「印鑑登録証明書」を添付します。

担保取消決定正本は，申立人・被申立人ともにその請書を提出しているので，（送達ではなく）送付され，普通郵便で送られます。ここで，申立人が弁護士で，事務所が裁判所の近隣にあるときは，裁判所まで決定正本を取りに行くことができるので，郵券が不要となります。

そして，被申立人が既に「即時抗告権の放棄書」を提出しているので，担保取消決定が出されると同時に確定し，供託（支払保証委託契約）原因消滅証明書が交付されます。その後の手続は，勝訴判決による場合と同じです。

②　和解調書の和解条項の中に「担保取消の同意」，「担保取消決定に対する即時抗告権の放棄」する旨の記載がある場合

〈必要書類〉

a）担保取消申立書

b）和解調書又は認諾調書の原本と写し

写しと原本を照合し，原本は返還を受けます。

c）申立人の担保取消決定正本の請書

d）供託（支払保証委託契約）原因消滅証明申請書とその請書

正本・副本各１通，手数料150円（収入印紙で納付）

e）担保取消決定正本の送付用郵券（裁判所に要確認）

〈手　続〉

本案訴訟が和解成立によって終了したときに作成される和解調書の中に，「被告は，平成○年(ヨ)第○○号△△事件の担保取消について同意し，担保取消決定に対する即時抗告権を放棄する。」という和解条項が記載してあれば，（勝訴的和解ではなく）債務者の同意がある場合として扱われます。

この和解調書は，「担保取消に対する同意書」と「担保取消決定に対する即時抗告権の放棄書」の代わりになります。また，この場合は，被申立人の印鑑登録証明書は不要となります。

③　被申立人（債務者）の代理人弁護士より同意書・放棄書・請書をもらう場合

〈必要書類〉

a）担保取消申立書

b）被申立人（債務者）代理人弁護士の委任状

c）被申立人（債務者）代理人弁護士による担保取消に対する同意書

d）被申立人（債務者）代理人弁護士による担保取消決定に対する即時抗告権の放棄書

e）申立人と被申立人（債務者）代理人弁護士の担保取消決定正本の

請書

f）供託（支払保証委託契約）原因消滅証明申請書とその請書

正本・副本各１通，手数料150円（収入印紙で納付）

g）担保取消決定正本の送付用郵券（不要な場合もあるので裁判所に要確認）

〈手　続〉

被申立人（債務者）に代理人弁護士がついているときは，その代理人弁護士から「同意書」「放棄書」「請書」をもらいます。その際に，被申立人の代理人弁護士から，基本事件である民事保全事件についての委任状を一緒に提出してもらいます。この委任状は，すでに被申立人の代理人弁護士が裁判所に提出しているならば新たにもらう必要はありません。

また，担保取消決定正本の送付ですが，申立人・被申立人双方の代理人弁護士の事務所が裁判所の近隣にあるときは，直接裁判所まで取りに行くことができるので，不要となる場合があります。

④　被申立人（債務者）に破産手続開始決定が出され，破産管財人より同意書・放棄書・請書をもらう場合

〈必要書類〉

a）担保取消申立書

b）破産管財人証明書（登録印鑑の証明書）

c）破産管財人による担保取消に対する同意書

d）破産管財人による担保取消決定に対する即時抗告権の放棄書

e）（担保の額が100万円を超える場合）担保取消に対する同意と担保取消決定に対する即時抗告権の放棄に関する破産裁判所の許可書謄本（破規25条，破78条３項１号）

f）申立人と破産管財人の担保取消決定正本の請書

g）供託（支払保証委託契約）原因消滅証明申請書とその請書

正本・副本各１通，手数料150円（収入印紙で納付）

h）担保取消決定正本の送付用郵券（不要な場合もある）

〈手　続〉

被申立人（債務者）に破産手続開始決定が出され，破産管財人が選任されている時，基本となった保全事件が破産財団に関するものである場合，破産管財人から「同意書」「放棄書」「請書」をもらいます。

その際に，破産管財人が選任されていることを証する書面として，破産管財人が登録した印鑑証明書を破産管財人証明書として提出してもらいます。

また，担保の額が100万円を超える場合は，担保取消しに対する同意と担保取消決定に対する即時抗告権の放棄については，裁判所の許可が必要となりますので（破規25条，破78条３項１号），その許可書の謄本を提出してもらい，まとめて裁判所に提出します。

担保取消決定正本の送付については，被申立人に代理人弁護士がついている場合と同じように，不要となることがあります。

３）権利行使催告による場合

〈必要書類〉

① 本案未提訴の場合

ａ）保全事件の取下書と費用（郵券など）→保全事件の取下参照（P.204以下）

ｂ）権利行使催告申立書

ｃ）担保取消申立書

ｄ）申立人の担保取消決定正本の請書

ｅ）供託（支払保証委託契約）原因消滅証明申請書とその請書
正本・副本各１通，手数料150円（収入印紙で納付）

ｆ）権利行使催告書，担保取消決定正本の送達用郵券（裁判所に要確認）

② 本案訴訟が全部または一部敗訴の場合

ａ）保全事件の取下書と費用（郵券など）→保全事件の取下参照（P.204以下）

b）権利行使催告申立書

c）担保取消申立書

d）判決正本（含：調書判決正本）の原本と写し

写しと原本を照合し，原本は返還を受けます。

e）判決確定証明書

f）申立人の担保取消決定正本の請書

g）供託（支払保証委託契約）原因消滅証明申請書とその請書

正本・副本各１通，手数料150円（収入印紙で納付）

h）権利行使催告書，担保取消決定正本の送達用郵券（裁判所に要確認）

③　請求の放棄，敗訴的和解の場合

a）保全事件の取下書と費用（郵券など）→保全事件の取下参照（P.204以下）

b）権利行使催告申立書

c）担保取消申立書

d）請求放棄の調書，または和解調書の原本と写し

写しと原本を照合し，原本は返還を受けます。

e）申立人の担保取消決定正本の請書

f）供託（支払保証委託契約）原因消滅証明申請書とその請書

正本・副本各１通，手数料150円（収入印紙で納付）

g）権利行使催告書，担保取消決定正本の送達用郵券（裁判所に要確認）

〈手　続〉

債権者が一部または全部敗訴したり，請求の放棄，敗訴的和解で訴訟が終了，または，そもそも本案を提起しなかったなどの場合で，債務者から担保取消の同意をもらえないような時に，権利行使催告による担保取消の手続がとられます。

債権者としては，担保取消しとなる原因（全面勝訴判決や債務者の同意

など）がないので，担保を提供した側が担保を取り戻したいと思っても，債務者が損害賠償請求をする可能性がある以上，担保を取り戻すことはできません。しかし，そうすると債務者がなにもしなければ，永遠に担保に供したお金を取り戻すことができなくなってしまいます。

そこで，このような場合，裁判所から債務者に対し，損害賠償請求をするかどうか（＝損害賠償請求権を行使するかどうか）の催告をしてもらいます。

債務者がこの催告を受けた後，一定期間経過すると，担保取消しに同意したものと見なされ，担保取消決定が出されます。

そして，債務者に対し担保取消決定が送達され，即時抗告期間が経過すると，担保取消決定が確定し，供託（支払保証委託契約）原因消滅証明書が交付され，後は，法務局または金融機関で手続をすれば終了です。

第Ⅳ章

民事執行と提出書類

1　民事執行手続とは

民事執行は判決の内容を
実現する手続ですよ
ハイ!
クッキー
そら
ゆめ
たとえ勝訴判決をとっても
その内容どおりに履行するかは
相手次第です
判決
うるせ〜!
だからといって強引に
相手の財産を奪いとることは
できません
とったぞ〜
ドロボー
そこで，国家機関（裁判所・執行官）によって判決の内容を実現する
手続をとります。これが民事執行です
お願いします
裁判所
決定
競売
差押
預金
よし
執行官
執行
明け渡せ

法律事務所に勤めていても，その事務所のカラーによって扱う事件は違います。金融機関（銀行・信用金庫など）やクレジット会社の顧問をしていれば，貸金や立替金の請求訴訟をすることが多いでしょうし，機械メーカー会社の顧問であれば，特許や実用新案に関する紛争を扱ったり，破産管財に慣れた事務所であれば，裁判所から破産管財人に選任されることも多いでしょう。

同じように，民事執行事件の申立てについては，「よく扱う事務所」と「全くやらない事務所」に分かれ，事実，民事執行事件の申立てを全くやったことがない，という法律事務所もあり，金融機関やクレジット会社などの顧問となっている法律事務所など限られた人たちにしか縁がないのかもしれません。

しかし，申し立てられる側，つまり「給料を差し押えられる人」「不動産を売られてしまう人」には，一般の人が多いです。それに，一般の人でも，貸金返還訴訟までやって勝訴判決をとったのに，相手が履行しようとしないときには，民事執行手続を利用する価値は十分にあります。そのためには，民事執行手続を理解しておく必要はありますし，そういう方が依頼者となることもあります。ですので，民事執行の知識も法律事務職員としては備えておく必要があるでしょう。

民事執行は，たとえ債務者の意思に反しても，強制的に債権者の請求権を実現するために規定された手続で，大別すると次のとおりになります。

⑴　債務名義（勝訴判決など）に基づく強制執行

⑵　担保権の実行としての競売など（担保不動産競売）

⑶　換価のための競売（形式競売）

⑷　財産開示手続

民事執行手続の主だったものとしては，債権回収のための，「不動産の競売」「債権の差押え」があります。それにあたるのが前記⑴と⑵です。この違いは⑴は勝訴判決などの債務名義を根拠としますが，⑵は抵当権・根抵当権などの担保権を根拠とするもので，住宅ローンの支払など債務の履行を担保するためにあらかじめ土地・建物などに抵当権などの担保権を設定し，返済が滞ったら，判決手続を経ることなく，不動産の競売を申し立てることができます。そもそも，これはローンが返済できなくなったときは，担保に差し入れた不動産を売却してその代金を返済に充てる，ということを債権者・債務者間であらかじめ合意しているのですから，あらためて訴訟などをしなくても競売の申立てをすることができるとするものです。それが担保権の実行としての競売です。

(3)の換価のための競売は形式的競売とも言い，たとえば２名以上の人が共有する不動産について，共有者間で争いが生じ，共有物を分ける（分割する）訴訟が提起された場合，裁判所は競売を命ずる判決を出すことがあります。この判決に基づいて共有物である不動産を競売に付して，その売却代金を共有者で分けることになります。このような場合の競売手続は，競売の手続を形式的に利用することから「形式競売」とよばれています。(1)(2)とは少し意味合い・目的が違うものです。

(4)ですが，債権者は，債務者の財産を特定して強制執行をしますが，債務者がどのような財産をもっているかわからないものです。そこで，「一定の範囲の債権者」に限り，債務者にその有する財産を開示させて金銭執行を行うことができる手続が規定されました。それが「財産開示手続」です。

「一定の範囲の債権者」とは，

①　一定の執行力のある債務名義の正本を有する債権者

②　一般の先取特権を有することを証する文書を提出した債権者

のどちらかに該当することが必要であり，さらにその債権者が

ａ）　申立前６月以内の強制執行または担保権実行における配当等の手続において完全な弁済を得られなかったとき

ｂ）　知れている財産に対する強制執行を実施しても，完全な弁済を得られないことの疎明があったとき

のいずれかであることが必要です（民執197条１項，２項）。

ここで①の「一定の執行力のある債務名義の正本」ですが，仮執行宣言付判決，仮執行宣言付支払督促，執行証書は不確定な素因が含まれると考えら

れており，ここにいう「一定の執行力のある債務名義の正本」には該当しないとされています。つまり，仮執行宣言付判決は確定しておらず，上訴審で覆される可能性があること，仮執行宣言付支払督促は裁判所書記官により出され申立債権者の主張のみで出されるもので，債務者の主張・反論などが反映されておらず，また裁判官も関与していないこと，執行証書は，そもそも裁判外で作成されており裁判所が関与していないこと，等から債務者の財産の情報を開示させ，万一覆ったとき，回復困難（不能）であることから，除外されています。

2　強制執行の種類

強制執行は，
その目的によって
金銭執行と非金銭執行
その方法によって
直接強制，間接強制・代替執行
に分類されます
直接？
きんせん？
間接？
金銭執行とは
不動産の強制競売や
債権差押えです。
「お金返せ～！」
を実現するものです
通帳
非金銭執行とは，
お金の支払いを目的としない執行です
出ていけ～！
直接強制は，強制競売や債権差押えなど
代替執行は，建物収去土地明渡の執行で建物を業者（第三者）に
取り壊してもらう方法などで，
間接強制は，「～するな」という請求を実現するときに使います
ここに
ゴミを捨てるたびに
10万支払え

(1) 目的による分類

強制執行は，「金を払え」というような金銭執行と，「物をよこせ」「建物から出て行け」という非金銭執行に分類されます。

金銭執行とは，金銭の支払いを目的とする強制執行で，債務者の財産を差し押えてそれを現金化（換価）し，債権者に交付することによって目的が達せられます。つまり，債務者がお金を払わないから，債務者の持っている財産をお金に換えて（不動産なら売る，債権なら取り立てるなど），債権者が回収することになります。

非金銭執行は，物の引渡しや明渡しを目的とする執行で，たとえば「被告は原告に対して建物を明け渡せ」のような建物明渡判決があったのに債務者（被告）がその建物から立退かない場合，執行官に執行申立てを行い，債務者を建物から立ち退かせ，建物を債権者（原告）に引き渡すなどの執行があります。

(2) 方法による分類

強制執行はその執行の方法によって，直接強制，代替執行，間接強制に分類されます。

直接強制とは，債務者の意思にかかわらず，債権者の債権の内容を直接的に実現する方法です。不動産競売（強制競売や担保不動産競売）は，債務者（所有者）がいやだと言っても強制的に裁判所が不動産を売却しますし，債権差押え（預金差押えや給料差押え）は，債務者がなにもしなくても，債権者が直接取り立てたり，裁判所が配当したりします。これらが直接強制の代表例です。

代替執行は，債務者に対し一定の行為を求める債務のうち，第三者が代わって債務の内容を実現できるようなとき，その債務の内容を債務者に代わって第三者によって実現させ，その費用を債務者に請求する方法です。

たとえば，Ａさんの土地の上にＢさんが勝手に自分で家を建てて住んでいたとします（実際にこういうことはあります）。ＡさんはＢさんに対して，「家を取り壊して，土地を返せ！」と「建物収去土地明渡」の訴訟を提起して，Ａさん（原告・債権者）が勝訴したとします。Ｂさん（被告・債務者）が控訴をしなければ，この判決は確定しますから，Ｂさんは自分が建てた家を取り壊して，Ａさんに土地を返さなければなりません。しかし，Ｂさんは何もしません（こういう場合，Ｂさんのような立場の人は，何もしないものです）。でも，Ａさんは「判決が出た！　裁判所も私が正しいと言っている!!」として，実力行使でＢさんの建物を壊して土地を奪回する……ということはできません（「自力救済の禁止」といいます）。

そこで，このような場合は，Ａさんは債務名義（判決）に基づいて民事執行申立てをして，建物を第三者（こういう場合は，取り壊し業者になるでしょう）に建物を取り壊してもらい，土地は所有者であるＡさんのもとに戻ります。そして，取壊しの費用は，Ｂさんから取り立てる，という手続をとることになります。これが「代替執行」です。

間接強制とは，債務者に対し心理的圧迫を加えることで債務の内容を実現する方法です。たとえば，過去にあった例でいいますと，ある分譲マンショ

実は弾いたことがない

ンの住人で構成される自治会が，同じマンションの一室を所有している暴力団に対し，同室を暴力団事務所として使うな，明け渡せ，という訴えを提起し，勝訴したにもかかわらず，暴力団が同室を使い続けている場合に，自治会が暴力団に対し，明け渡さなければ一日あたり100万円支払え，という方法で明渡執行をする，というものがありました。このように，一定の行為をする，しないという債務者の意思にかかわるような債務の場合に利用されます。支払いを命じられた金員は金銭執行によって取り立てることができます。

ただ，間接強制は，債務者に心理的圧迫を与えるので，それに適さないような債務（歌を歌う，絵を描くなど）の場合には，利用できません。

3　強制執行（強制競売，債権差押えなど）の準備

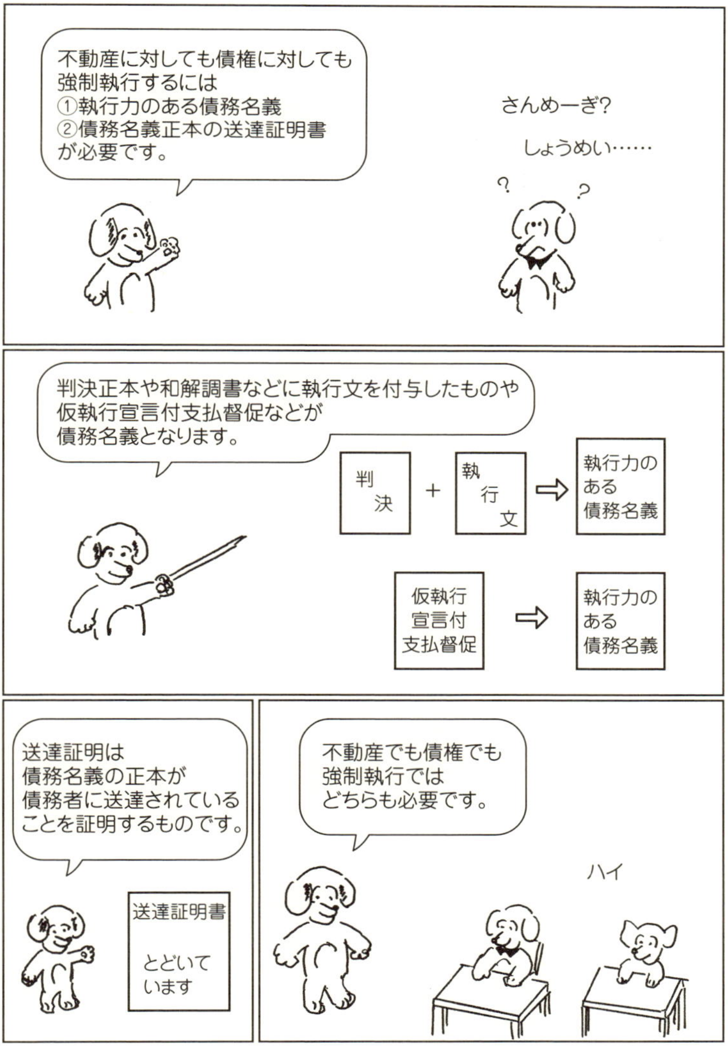

不動産に対しても債権に対しても強制執行するには①執行力のある債務名義②債務名義正本の送達証明書が必要です。
さんめーぎ?
しょうめい……
判決正本や和解調書などに執行文を付与したものや仮執行宣言付支払督促などが債務名義となります。
判決
＋
執行文
執行力のある債務名義
仮執行宣言付支払督促
執行力のある債務名義
送達証明は債務名義の正本が債務者に送達されていることを証明するものです。
送達証明書
とどいています
不動産でも債権でも強制執行ではどちらも必要です。
ハイ

(1) 債務名義

債務名義とは，「強制執行によって実現されるべき債権の存在・内容を証明する公文書」をいい，強制執行を行うためには，この債務名義が必要です。

債務名義となるものとしては，次のものがあります（民執22条）。

① 確定判決

判決の言渡し後，上訴期間が経過した判決をいいます。条文では，「確定判決」と規定されていますが，確定判決のうち，債務名義となるのは，「被告に対して一定の作為・不作為を命ずる判決（給付判決）」に限られ，「確認判決」「形成判決」は債務名義となりません。「確認判決」は，当事者間の権利義務の有無，法律関係を確認したものであり，また，「形成判決」は，判決の確定によって，一定の法律関係を形成するので，どちらも「執行」すべきものがありません。

テストの問題のようですが，「確定判決は，常に債務名義となる」という問題があれば，誤りということになります。

② 仮執行宣言付判決

判決の主文に「この判決は，仮に執行することができる。」と記載されている給付判決を「仮執行宣言付判決」といいます。仮執行宣言が付されている判決は，その判決が確定する前でも強制執行をすることができます。

③ 抗告によらなければ不服を申し立てることができない裁判

不服申立ての方法が，「抗告」による裁判で，「決定・命令」のことです。そのなかで，強制執行できる給付請求権が記載されているものが債務名義となります。具体的には，代替執行の費用前払決定（民執171条４項），間接強制の金銭支払命令（民執172条１項），不動産引渡命令（民執83条）などがこれにあたります。

④ 仮執行宣言付損害賠償命令

刑事事件で被害を受けて金銭的な損害が発生したら，本来ならばその被害者は，不法行為に基づく損害賠償請求訴訟を提起しなければなりませんでしたが，現在は，刑事訴訟において，犯罪被害者が刑事被告人に対して不法行為に基づく損害賠償を請求することができ（犯被保護17条），これによって出された仮執行宣言付損害賠償命令（犯被保護26条２項）が債務名義となり，被害者はこれに基づいて強制執行をすることができます。

⑤　仮執行宣言付支払督促

債権者が申立てをした「支払督促」に対し，債務者が異議を述べなければ，再び債権者が申立てをすることにより，支払督促に仮執行宣言が付され，その「仮執行宣言付支払督促」の正本が債務名義となります。

⑥　訴訟費用等確定処分

判決では，「訴訟費用は被告の負担とする」など，訴訟費用を原告・被告のどちらが負担するかは示されますが，その訴訟費用の具体的な額については何も規定されません。そこで，訴訟費用の具体的な額を定める処分を申立て，申立てを受けた裁判所書記官の処分によってその額が確定されます（民訴71条，72条）。この確定処分が執行力を有する債務名義となります。

⑦　執行証書

公証人が作成し，「これは正本である。」という公証人の認証が入っている文書を「公正証書」といいます。この「公正証書」のうち，

ａ）金銭の一定額の支払い，またはその他代替物・有価証券の一定の数量の給付を目的とする特定の請求権の表示があること

ｂ）債務者が直ちに強制執行に服する旨の陳述（強制執行受諾文言）が記載されている

ものだけが，債務名義となります。これを「執行証書」といいます。つまり，公正証書であっても，ａ）ｂ）の記載がないものは，債務名義とはなりません。ですから，公正証書でも，その記載内容が「金銭の一定の額の支払いまたはその他の代替物もしくは有価証券の一定の数量の給

付を目的とする請求」でないもの，つまり，金銭等の支払いについて記載していない公正証書では強制執行できず，「公正証書があれば強制執行できる」というわけではありません。

⑧　確定した執行判決のある外国裁判所の判決

日本以外の国で出された判決があったとしても，それはあくまでもその国の裁判所での判断ですから，その判決で強制執行できるかどうかは，あらためて日本の裁判所で審査しなければなりません。このように，外国で出された判決によって強制執行ができるか否かを判断するのが「執行判決」といい，執行判決のついた外国裁判所の判決が債務名義となります。

コラム

執行証書を債務名義とする場合の不便さ

執行証書も債務名義ではあるのですが，実際に執行証書で強制執行するとなると，判決正本を債務名義とする場合とは違った不便さがあります。

①　執行文付与，送達証明書の申請手数料が高額

②　他者（他の弁護士や行政書士など）が関与して作成した執行証書だと，執行文付与や送達証明書の申請のためだけに，あらたに公証役場に対してそのための委任状を提出しなければならない。

③　①②の手続をする公証役場が遠方，他府県にあると，時間がかかる分，それだけ強制執行の申立てが遅れる。

昨今，離婚にあたって行政書士が公正証書の作成を勧めていることが多いのですが，強制執行の申立てをする立場からすると，将来，強制執行をする可能性が高い案件ならば，公正証書（執行証書）の作成よりも，離婚調停などをして，債務名義を確保しておくほうが，便利のように思えます。

⑨　確定した執行決定のある仲裁判断

仲裁判断は，私人間の仲裁契約をもとに，第三者である仲裁人によって，紛争の解決を図る制度です。この制度によって出された判断を「仲裁判断」といい，この仲裁判断に基づき強制執行するには，あらためて所定の事由（仲裁法45条２項）の有無を調査する必要があるので，執行決定が必要とされています（仲裁法46条）。

⑩　確定判決と同一の効力を有するもの

条文上，「確定判決と同一の効力を有する」と規定されている文書で，給付請求権を表示しているものをいいます。「和解調書」・「認諾調書」・「家事調停調書」などがその例です。

ただ，和解調書であっても，その和解条項の記載内容によっては，債務名義とならないものもあります。多くの場合，和解条項は，当事者の一方（主に原告）が作成し，和解期日において双方が合意したら，裁判所（書記官）により「和解調書」が作成されます。

ここで，被告である債務者が，原告である債権者に対し，500万円を支払うという内容の和解条項を作成する際，「被告は原告に対し，金500万円を支払う。」という文言であれば，給付文言となるのですが，これを丁寧に書こうとして「被告は原告に対し，金500万円を支払うものとする。」としてしまうと，これは，確認文言となるので，これで和解調書を作成すると，債務名義にはならないことになってしまいます。丁寧にしたことが逆に仇になってしまうこともあるということです。

⑵　執行文

強制執行の申立てをするには，債務名義の正本があるだけでは足りず，原則として，これに「執行文」が付与されることにより，「執行力のある債務名義」となり，強制執行の申立てができるようになります。

執行文とは，「債務名義の執行力の有無，内容を公証するため，債務名義の末尾に付記する公証文言」をいいます。実際には（判決正本の場合は），正

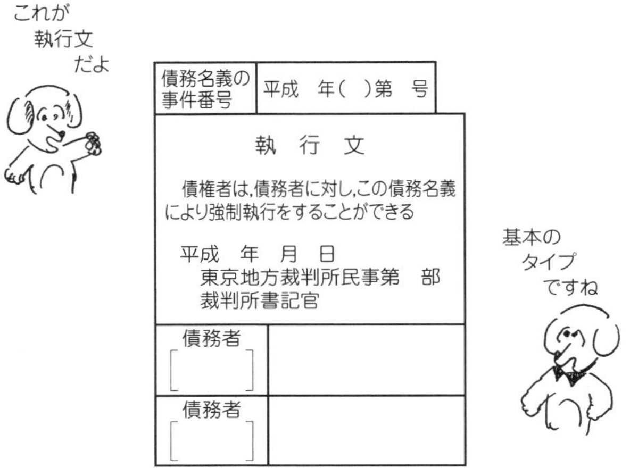
これが
執行文
だよ
債務名義の
事件番号
平成　年(　)第　号
執　行　文
債権者は,債務者に対し,この債務名義
により強制執行をすることができる
平成　年　月　日
東京地方裁判所民事第　部
裁判所書記官
債務者
債務者
基本の
タイプ
ですね

本の末尾に「執行文」と題する頁が追加される形で付与されます。

確定判決は，判決が確定しなければ，裁判所は執行文を付与することはできませんが，仮執行宣言付勝訴判決のように，判決が確定しなくても強制執行できる債務名義では，判決確定前でも執行文は付与されます。

法律事務所で扱う案件で使われることの多い債務名義の中で，次のものは，単純執行文は不要です（ただし，承継執行文などが必要となることがあります）。

① 仮執行宣言付支払督促正本

② 金銭の支払い，物の引渡しなど給付条項が記載された家事審判書または家事調停調書

③ 少額訴訟判決正本

1）執行文の種類

① 単純執行文

債務名義の給付条項の範囲と内容をそのまま示したもので，通常，「執行文」といえば，これを意味します。

② 条件成就（事実到来）執行文

たとえば，建物明渡請求訴訟が和解で終了するようなケースで，

「被告は，原告が金1,000,000円を支払った後，直ちに建物を明け渡す」という和解条項が規定されているとします。原告が被告に1,000,000円を支払うことが，建物明渡しの条件となりますから，原告は被告に対し，1,000,000円支払わなければ建物を明け渡せとはいえません。逆に言えば，1,000,000円を支払っていれば，原告は被告に建物の明渡しを請求することができ，それでも被告が何もしなければそれで強制執行することができる状態となり，その支払い（1,000,000円）をすることが執行文付与の条件となります。

このように，執行文の付与について，一定の条件が付されており，その条件が満たされた（成就した）ことを債権者が証明して執行文が付与されるものを「条件成就執行文」または「事実到来執行文」といいます。

どのような場合に条件成就執行文の付与となるかについては，次のようなケースが考えられます。

ｉ）不確定期限

「○年○月○日」のように，到来することが確実な期限（確定期

限）とは異なり（贈与契約などでよく利用されるのですが，「私が死亡したとき」のように），いつ到来するかは不明だが，将来確実に発生する事実の到来を期限とするものを「不確定期限」といいます。

不確定期限の到来は，裁判所にはわからないことが多いので，その事実の到来を債権者が証明しなければなりません。

ⅱ）債権者（原告）の先履行

給付条項が，「被告は，原告が，金10,000,000円を支払った後，直ちに本件建物を明け渡す。」となっている場合は，原告が被告に10,000,000円を先に支払うことが条件であり，原告が支払ったかどうかは裁判所にはわからないことですから，支払いの事実は債権者が証明しなければならない事実となります。

③　承継執行文

債務名義に記載された債権も財産の１つですから，譲渡することもできるし，民事訴訟の口頭弁論終結後に，当事者である原告（自然人）または被告（自然人）が死亡し，その立場を相続人が引き継ぐこともあるでしょう。また，原告が株式会社であれば他の株式会社に吸収合併されることもあるでしょう。

このように，民事訴訟の口頭弁論終結後，債務名義上の当事者の地位が当事者以外の者に承継され，その承継人に対して強制執行したり，逆に承継した人が強制執行の申立てをする場合に必要な執行文を「承継執行文」といいます。

承継執行文の付与を申請するときは，その承継した事実を申請人（債権者）が証明しなければならないので，付与申請にあたり，その承継を証明する文書を提出する必要があります（ただし，裁判の記録上，承継が明白である場合は不要です）。

2）執行文の付与申請の方法

①　１通の判決正本に，被告（債務者）が１名の場合の執行文付与申請

もっとも単純なケースとして，１通の判決正本に，１名の被告が当

事者として記載されている場合，具体的には，貸金返還請求訴訟で，債務者を被告として訴えを提起し，「被告は，原告に対し金○○○円及びこれに対する平成○年○月○日から支払済みまで年５％の割合による金員を支払え」という主文の判決の場合がそれにあたります。

判決正本上に記載されている被告に対して，執行できる旨の執行文付与をしてもらうパターンで，基本となるものです。

【書式】執行文付与申請書

平成　　年（　）第　　　号
原　　告　○　○　○　○
被　　告　×　×　×　×

執行文付与申請書

平成26年○月○日

東京地方裁判所　　御中

原告訴訟代理人　弁護士　○　○　○　○

頭書事件について，平成○年○月○日言渡しの判決は，平成○年○月○日の経過をもって確定したので，被告に対し執行文を付与されたく申請します。

請　　書

上記執行文１通正に御請けしました。

平成26年○月○日

東京地方裁判所　　御中

原告訴訟代理人　弁護士　○　○　○　○

② １通の判決正本に複数の被告（債務者）がいる場合の執行文付与申請

１通の判決正本に複数（２名以上）の被告が当事者として記載されている場合があります。具体的には，貸金返還請求訴訟で，主たる債務者（A）と連帯保証人（B）の２人を被告として訴えを提起し，「被告らは，原告に対し，連帯して金○○○円及びこれに対する平成○年○月○日から支払済みまで年５％の割合による金員を支払え」という主文の判決の場合があります。

この判決１通で，ＡとＢに対して，強制執行の申立てができます。このとき，執行文の付与申請をするにあたり，単に「執行文付与申請」とした場合，執行文の債務者の記載は，「債務者　Ａ，Ｂ」となり，その執行文が１通の判決正本に付けられます。

しかし，強制執行の管轄は専属管轄であり（民執19条），複数の債務者に対する強制執行を１つの事件として申立てをすることはできず，「債務者Ａに対する強制執行」と「債務者Ｂに対する強制執行」の２つの事件を申し立てなければなりません（民執20条，民訴13条１項，７条）。なので，１つの判決正本にＡ，Ｂの両方に対する執行文が付与されてしまうと，一方の事件（たとえばAに対する事件）でその債務名義（判決正本）を使用することになり，他方の事件（Ｂの事件）で使う債務名義（判決正本）がないことになります。

こうなると，Ｂの事件で使う債務名義を新たに取得しなければならなくなりますが，その場合は，執行文の「再度付与申請」となるので，手続がややこしくなります。

そこで，このような場合は，最初から，Ａ，Ｂ別々に執行文を付与してもらうようにします。このＡ，Ｂ別々に執行文付与してもらう申請を「執行文の各別付与申請」または，「各別執行文付与申請」と言います（この「各別付与」というのは，法律用語ではなく，手続上，そのようによんでいるだけなので，「各別執行文」という単語で法律用語の辞典

被告Aと被告Bに対する判決がある場合

「執行文を付与してください」と申請すると

判決		執行文
原告　○○ 被告　A 被告　B	＋	被告　A 被告　B に対して強制執行できる

という執行文が付される。

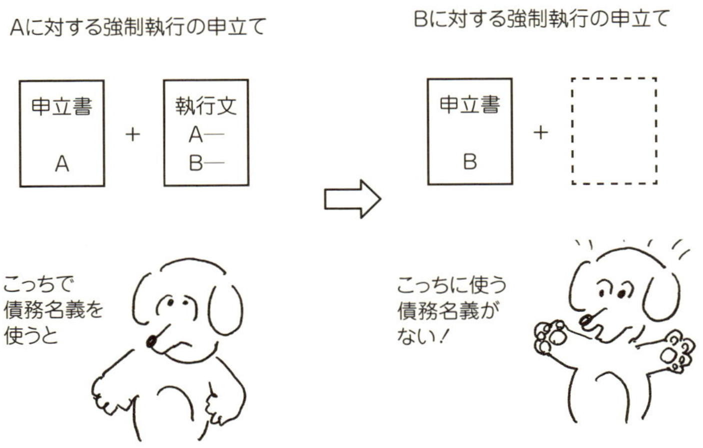

被告Aと被告Bに対する判決がある場合

「判決正本1通交付のうえ，被告それぞれ各別に執行文を付与してください」
と申請すると

判決

原告　○○
被告　A
被告　B

＋

執行文
被告　A
に対して強制執行
できる

判決

原告　○○
被告　A
被告　B

＋

執行文
被告　B
に対して強制執行
できる

のように，被告それぞれに対する執行文が付される。

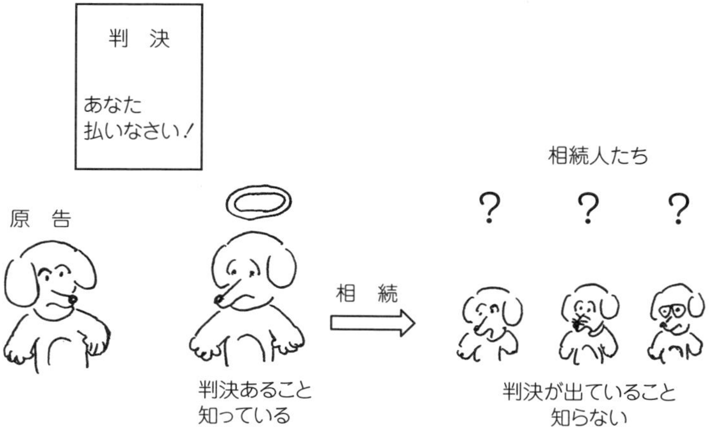

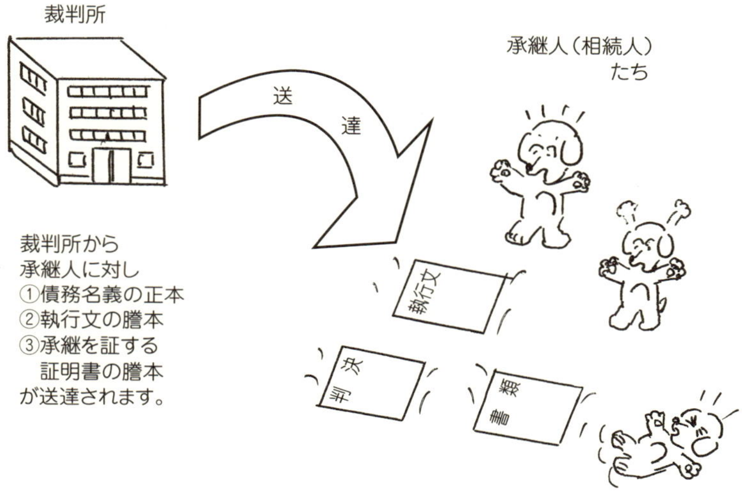

裁判所
送
達
承継人（相続人）
たち
執行文
判決
書類
裁判所から
承継人に対し
①債務名義の正本
②執行文の謄本
③承継を証する
証明書の謄本
が送達されます。

を引いてもでてきません）。この方法で付与申請すると，Ａに対する執行文を付与された判決正本とＢに対する執行文を付与された判決正本の２通ができることになります。

③　承継執行文の付与申請の方法

承継執行文は，口頭弁論終結時の当事者から地位の承継を受けた人に対する執行文ですから，承継した人（相続人など）の中には，その債務名義があることも知らないし，なぜ自分が承継するのかもわからない人もいるでしょう。

そこで，承継執行文の付与申請にあたっては，承継する人に対して，裁判所から，

①　債務名義の送達

②　執行文の謄本の送達

③　承継を証する証明書の謄本の送達

をします。

ですから，承継執行文付与申請をする場合は，

① 承継執行文付与申請書

② 債務名義送達申請書

③ 債務名義送達証明申請書

④ 承継を証する書面のコピー

⑤ 執行文及び証明書謄本送達申請書

⑥ 執行文及び証明書謄本送達証明申請書

を提出します。

【書式】承継執行文付与申請書（被告の相続による場合）

平成26年(ワ)第○○号　　　　○○○○事件
　原　　告　○　○　○　○
　被　　告　△　△　△　△
　被告△△△△承継人　×　×　×　×

承継執行文付与申請書

平成26年○月○日

東京地方裁判所　御中

原告訴訟代理人　弁護士　○　○　○　○

頭書事件について，平成26年○月○日言渡の仮執行宣言付判決につきまして，被告△△△△が平成○年○月○日に死亡したので，上記承継人に対し執行をするため執行力ある正本を交付されたく申請します。

請　　書

上記執行文１通正に御請けしました。

平成26年○月○日

東京地方裁判所　御中

原告訴訟代理人　弁護士　○　○　○　○

【書式】債務名義送達申請書

平成26年(ワ)第○○号　　　　○○○○事件
原　　告　○　○　○　○
被　　告　△　△　△　△
被告△△△△承継人　×　×　×　×

債務名義送達申請書

平成26年○月○日

東京地方裁判所　御中

原告訴訟代理人　弁護士　○　○　○　○

頭書事件について，平成○年○月○日言渡の仮執行宣言付判決の正本を上記承継人に対し送達されたく申請します。

記

承継人住所　　〒＊＊＊－＊＊＊＊　東京都○○区・・・・・・・

【書式】債務名義送達証明申請書

平成26年(ワ)第○○号　　　　○○○○事件
　原　　告　○　○　○　○
　被　　告　△　△　△　△
　被告△△△△承継人　×　×　×　×

債務名義送達証明申請書

平成26年○月○日

東京地方裁判所　御中

原告訴訟代理人　弁護士　○　○　○　○

　頭書事件について，平成○年○月○日言渡の仮執行宣言付判決の正本を被告承継人に送達されたことを証明されたく申請します。

請　　書

　上記証明書１通正に御請けしました。

平成26年○月○日

東京地方裁判所　御中

原告訴訟代理人　弁護士　○　○　○　○

【書式】執行文及び証明書謄本送達申請書

平成26年(ワ)第○○号　　　　○○○○事件
原　　告　○　○　○　○
被　　告　△　△　△　△
被告△△△△承継人　×　×　×　×

執行文及び証明書謄本送達申請書

平成26年○月○日

東京地方裁判所　御中

原告訴訟代理人　弁護士　○　○　○　○

頭書事件について，執行文及び証明書謄本を被告承継人に送達されたく申請します。

記

承継人住所　〒＊＊＊－＊＊＊＊　　東京都○○区・・・・・・・

【書式】執行文及び証明書謄本送達証明申請書

平成26年(ワ)第○○号　　　　○○○○事件
原　　告　○　○　○　○
被　　告　△　△　△　△
被告△△△△承継人　×　×　×　×

執行文及び証明書謄本送達証明申請書

平成26年○月○日

東京地方裁判所　御中

原告訴訟代理人　弁護士　○　○　○　○

頭書事件について，執行文及び証明書謄本を被告承継人に送達されたことを証明されたく申請します。

請　　書

上記証明書１通正に御請けしました。

平成26年○月○日

東京地方裁判所　御中

原告訴訟代理人　弁護士　○　○　○　○

3）上訴審の判決がある場合

簡易裁判所もしくは地方裁判所で出された判決に対し，控訴審が係属し，控訴裁判所（地方裁判所または高等裁判所）で控訴審判決が出た場合，「判決正本」と名の付くものが２通あることになります。ここで，どの判決正本が債務名義となるのかを悩む人がいますが，結論は，「最終的な給付文言が書かれている判決正本」が債務名義となると考えます。具体的に考えてみます。

① 控訴審判決で，控訴が棄却されている場合

原判決（第一審判決）で「被告は原告に対し，金2,000万円を支払え」という判決が出され，被告が控訴して，控訴審で「本件控訴を棄却する」と出され，上告期間が経過した（控訴審判決が確定した）とき，控訴棄却により，原判決（第一審判決）が確定するので，原判決（第一審判決）が債務名義となります。

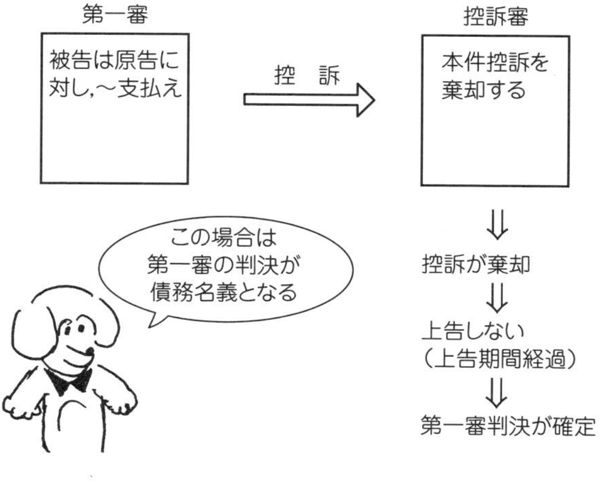

②　原判決（第一審判決）が取り消され，控訴審で新たに判決が出された場合

原判決（第一審判決）で「被告は原告に対し，金2,000万円を支払え」という判決が出され，被告が控訴して，控訴審で「原判決を取り消す。控訴人は，被控訴人に対し，金1,000万円を支払え」と出され，上告期間が経過した（控訴審判決が確定した）とき，控訴審で原判決（第一審判決）が取り消され，新たに控訴審で控訴人（原審被告）に支払いを命じる判決が出されているので，控訴審の判決が債務名義となります。

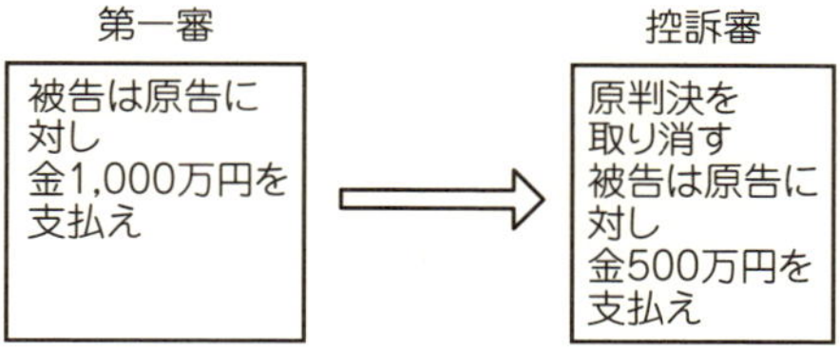

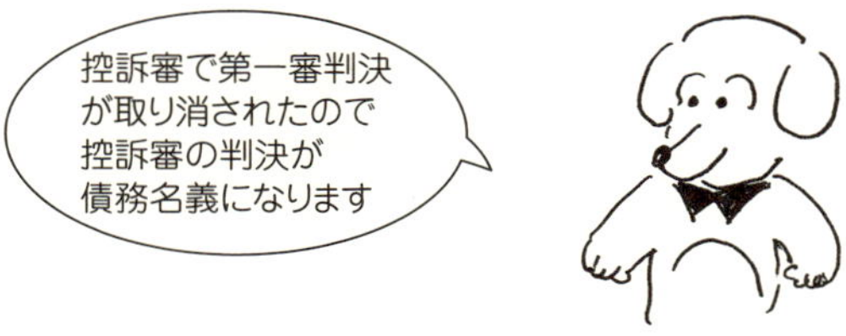

控訴審で第一審判決が取り消されたので控訴審の判決が債務名義になります

(3)　債務名義の送達・送達証明書

強制執行の申立てをするには，債務名義の正本または謄本が，あらかじめまたは同時に債務者に送達されていなければなりません（民執29条）。ですから，判決，和解調書など執行証書以外の債務名義については，記録のある裁判所の裁判所書記官に対して，執行証書については公証人に対し，送達証

明書を申請することになります。

このとき，判決については，職権で当事者に送達されますが（民訴255条１項），和解調書，認諾調書などは，あらかじめ送達申請をしなければ送達されません。ですから，和解などで終了した訴訟について，強制執行する予定があるならば，送達申請を忘れずにしておく必要があります。

【書式】債務名義送達証明申請書

平26年(ワ)第○○号　　　　○○○○事件
原　　告　○　○　○　○
被　　告　△　△　△　△

債務名義送達証明申請書

平成26年○月○日

東京地方裁判所　御中

原告訴訟代理人　弁護士　○　○　○　○

頭書事件について，平成26年○月○日言渡の仮執行宣言付判決の正本が被告に送達されたことを証明されたく申請します。

請　　書

上記証明書１通正に御請けしました。

平成26年○月○日

東京地方裁判所　御中
原告訴訟代理人　弁護士　○　○　○　○

4　不動産競売申立て（強制競売，担保不動産競売）

そらくん
勉強中
だね
不動産の競売には
強制競売と
担保不動産競売
がある……っと
強制競売は，債務者の不動産
担保不動産競売は，
担保設定された不動産
が対象になります
以上
おしまい！
もう
おしまい？
はや！
おなか
すいた

(1)　対象となる債務者の財産の調査

債務者が不動産を所有している場合，これを換価して債権を回収する強制執行が不動産競売で，債務名義に基づいて行うものが強制競売，担保権に基づいて行うものが担保不動産競売です。不動産は，移動したり散逸したりすることがありません（建物は取り壊されてしまうことがあり得ますが……）。また，債権のように支払いをされてしまうとなくなってしまうようなことがありません。ですから，債権回収の手段としては，不動産競売は有益なものであるといえるでしょう。

対象となる不動産は土地建物が主たるものですが，他にも登記された地上権も強制競売の対象となります。対象となる不動産の所有者が債務者であることが必要ですが，債務者が相続して所有者となっているはずだが，登記名義だけは以前のまま（被相続人である親）である不動産も強制執行の対象となります。

強制競売では，債務者がどこにどのような不動産を持っているかを検討をつけて，当該不動産の所在地を調べ，不動産登記事項を調べます。

債務者がどこに不動産をもっているかですが，以下のことが手掛りとなります。

①　債務者の自宅不動産

②　債務者が法人である場合，その本店所在地，支店所在地の不動産

③　債務者が法人である場合，その代表者（代表取締役・代表理事など）の自宅不動産

さらに，それらの不動産の登記事項証明書の交付請求をするときに，「共同担保目録」を一緒に請求すると，その不動産とともに共同担保になっている不動産の存在を調べることができます。

担保不動産競売では，担保権（抵当権，根抵当権など）が設定されている不動産が対象となりますので，強制競売のような財産の調査は不要となります。

(2) 不動産競売手続の流れ

強制競売でも担保不動産競売でも，不動産の競売事件の手続の流れとしては，申立てがなされ，裁判所から対象不動産を差押えの嘱託登記がされ，当事者に競売開始決定正本が送達されます。この段階で，対象となった不動産には，甲区に「差押」の登記がされます。

その後，執行官が対象不動産を調査し，「現況調査報告書」を作成します。また，裁判所が選任した不動産鑑定士に，対象不動産の鑑定評価命令が出され，「評価書」が作成されます。

それと平行して，「配当要求終期」が定められ，対象不動産に利害関係がある人々に対し「債権届の催告書」が発送されます。

その後，入札期間が定められ，買受希望者が入札し，落札者が決まります。

落札者（最高価買受申出人）が落札金額に相当する代金を納付すると，その不動産の所有権は落札者に移転します。

納付された代金は，「配当原資」となり，裁判所によって債権者に対して配当されます。

おおまかには，こういう流れで進んでいきます。

(3) 申立前の準備

強制競売の申立てをするには，

① 執行力のある債務名義の正本（民執22条）

② 債務名義の送達証明書（民執29条）

③ 目的不動産の登記事項証明書

④ 公課証明書

が必要になります。

担保不動産競売の申立てでは，①と②は不要になります。それに代わって，担保権の存在を証明するものが必要となります。

民事執行法181条１項では，

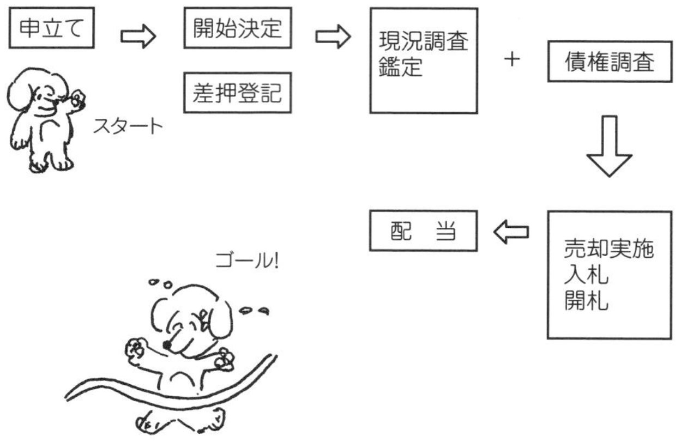

①　担保権の存在を証する確定判決，家事審判（民執181条1項1号）

②　担保権の存在を証する公証人が作成した公正証書の謄本（民執181条1項2号）

③　担保権の登記（仮登記を除く）に関する登記事項証明書

④　一般の先取特権にあっては，その存在を証する文書

が必要とされています。この中で，一般には③の担保権の登記のされている登記事項証明書が用いられます。ですので，一般的に担保不動産競売で必要とされるものは，

①　担保設定登記のある目的不動産の登記事項証明書（複数の不動産が共同担保関係にあるときは，共同担保目録も必要）

②　公課証明書

が必要になります。

また，強制競売でも担保不動産競売でも，当事者が法人であるならば，法人の資格を証する書面として，代表者事項証明書や登記事項証明書が必要となります。さらに，対象不動産の公図，地積測量図，建物図面・各階平面図，現地案内図が必要となります。

1）目的不動産の登記事項証明書

どの不動産に対して強制競売をするのかを明らかにし，それが債務者の所有物件であることを示すための資料です。条文上は，「登記された不動産については，登記事項証明書および登記記録の表題部に債務者以外の者が所有者として記録されている場合にあっては，債務者の所有に属することを証する書面」となっています（民執規23条1号）。不動産登記は，その不動産の形状等を記載した「表題部」と，その不動産に関する権利関係を記載した「権利部」で構成され，「権利部」には，所有権などの表示をしている「甲区」と担保権などの表示をしている「乙区」があります。登記された不動産の場合，通常は，「表題部」と「権利部」があるのですが，中には，表題部のみの登記しかなされていないものもあります。この表題部には，「表題部所有者」という部分があり，これは一筆の土地または一個の建物ごとに作成される登記記録において，まだ所有権の保存の登記がされていない時点で，表題部に所有者として表示されている者のことです。

強制競売の申立てをすると，裁判所が「強制競売開始決定」を出しますが，登記の面では，対象となった不動産の甲区欄に「差押」登記がされます。そのため，表題部しか登記のない不動産では，登記官の職権で所有権の保存登記がされ（甲区欄が作られ），差押登記がされます（不登76条2項）。そのためには，表題部所有者が債務者であることが必要となりますが，その表題部所有者が債務者以外の人である場合，職権で所有権保存登記をするためには，その不動産が債務者の所有である旨を証明することが必要となります。これが，民事執行規則23条1号後段の意味です。

対象となる不動産ですが，戸建住宅の場合，通常は，土地と建物の両方が対象となるでしょうが，どちらか一方だけを強制競売の対象とすることも可能です。ただ，その場合，対象となっていない土地または建物の登記事項証明書も提出します（民執規23条3号，4号）。

さらに，登記事項証明書などの登記記録上の所有者と債務名義上の債務者が一致していなければなりません。当たり前のことですが，強制執行をする債務者の財産でなければならない，ということです。ただし，仮差押えをした不動産（仮差押えの登記を経由した不動産）については，仮差押えの登記後に他人（債務者以外の者）に所有権が移転していても，それは仮差押えに対抗できないので，強制執行することができます。

登記上の所有者と債務者の一致を確認する方法ですが，登記事項証明書上では所有者の住所と氏名しか記載されていないため，住所と氏名の一致で確認します。住所が一致していなければ，「住民票の写し」や「戸籍の附票」などで，住所の変遷を辿り，現在の住所と登記事項証明書に記載されている住所とのつながりをつけるようにします。

2）目的不動産の公課証明書

添付資料として「不動産に対して課される租税その他の公課の額を証する文書」を提出する必要があります（民執規23条５号）。その文書として用いられているのが「公課証明書」です。

公課証明書とは，固定資産税や都市計画税など，不動産に課される税額を記載した書面であり，市区町村役場や都税事務所，市税事務所で発行されています。自治体によっては，税額の他に評価額を記載しているものもあります。

この公課証明書は，原則として，その不動産の所有者またはその者から委任を受けた者にしか交付してもらえません。この点は，評価証明書と違い，弁護士が職務上請求できるものではありません。でも，不動産の競売申立てには必要な書類なので，申立てをするので必要ということを証明すれば，発行してもらえます。ですから，申請にあたっては，公課証明書の申請書とともに競売申立書の写し（コピー）を添付して，申請理由を「民事執行規則第23条第５号に基づき，強制競売（または不動産競売）申立てのために必要」とすれば交付してもらえます。ですので，公課証明書の交付のために，申立書の素案を作成する必要があります。

申立て前の準備ということからすると少し矛盾しているかもしれませんが，申立書に記載する内容は公課証明書がなければ書けないということはありませんので，公課証明書の交付請求は一番最後ということになるでしょう。

3）法人の資格を証する書面

債権者でも債務者でも，法人が当事者となっている場合，その法人としての資格を証する書面が必要となります（民訴規18条，15条）。添付資料としてよく利用されているのが，法人の「登記事項証明書」や「代表者事項証明書」です。これらは，その法人の「法人名」と「主たる事務所」「本店所在地」をもとに法務局で交付申請します。

4）公図，地積測量図，建物図面・各階平面図，現地案内図

法務局に保管されている「公図」，土地の「地積測量図」，建物の「建物図面」・「各階平面図」を用意します。これらは，その対象不動産の所在地の管轄法務局に交付請求します。

さらに，対象不動産の場所を示す「現地案内図」を用意します。これは，その不動産がどこにあるのかを示す「地図」です。執行官が現況調査に行くときなどに使われます。よく利用されているのは「住宅地図」「ブルーマップ」です。

(4)　申立書の作成

集めた資料をもとに申立書を作成します。本来，申立書の作成は，弁護士の仕事ですが，一般企業で法務部員が作成することもあるので，ここで作成の手順について説明します。

1）強制競売の申立書

強制競売の申立書のひな形は，市販されている書式集をみればわかりますが，「申立書本文」「当事者目録」「請求債権目録」「物件目録」で構成されています。

①　申立書本文

申立書の１頁目にあたる部分で，具体的な内容は目録類で記載するので，ほとんどが定型の文面のみで構成されており，おおよそ，次のようになります。

表題は，「強制競売申立書」とし，提出先となる管轄裁判所，日付，債権者名および代理人弁護士名と押印，連絡先となる電話番号，FAX番号を記載，次に，当事者・請求債権・目的不動産について目録に記載する旨を書いて，本文に移ります。

この本文は，ほとんど定型化されており，強制競売の場合は，「債権者は，債務者に対し，別紙請求債権目録記載の執行力のある債務名義正本に表示された上記請求債権を有しているが，債務者がその支払をしないので，債務者所有の上記不動産に対する強制競売手続の開始を求める。」となります。そして最後に添付書類を明記して，完成です。

②　当事者目録

「当事者目録」は，強制競売事件の当事者となる債権者・債務者の住所・氏名（法人名）を記載した書面で，申立書本文の次の頁になります。

当事者目録では，特殊な場合にはどのように記載するかで悩む人が多いです。

ほとんどが訴状の記載方法と同じように考えてもよいのですが，基本は，やはりケースバイケースで対応しなければなりません。

主だった場合の記載方法としては，次のものがあります。

【書式】強制競売申立書

強制競売申立書

平成26年○月○日

東京地方裁判所　第21民事部　御　中

申立債権者代理人　弁護士　○　○　○　○
電話　03-3***-****　FAX　03-3***-****

当事者
請求債権　｝別紙目録のとおり
目的不動産

債権者は，債務者に対し，別紙請求債権目録記載の執行力ある債務名義正本に表示された上記請求債権を有しているが，債務者がその支払をしないので，債務者所有の上記不動産に対する強制競売手続の開始を求める。

添付書類

1．執行力のある判決正本	1通
2．同送達証明書	1通
3．不動産登記事項証明書	4通
4．公課証明書	2通
5．委任状	1通

【書式】当事者目録

当事者目録

〒×××－××××　東京都港区・・・・・・・
債権者　株式会社○○銀行
代表者代表執行役　甲　山　乙　助

〒×××－××××　東京都千代田区・・・・・・・
債権者代理人
弁護士　○　○　○　○

〒×××－××××　東京都××区・・・・・・・
債務者　△　△　△　△

ｉ）当事者名が変わったとき

債務名義が作成されたときの債務者はＡ株式会社だったが，その後，Ｂ株式会社に商号変更した，債務名義上の債務者の氏名は，甲田花子だったが，現在は（結婚か離婚か何かをして）乙山花子になっている，という場合がこれにあたります。この場合の記載は，次のようになります。

〒×××-××××　東京都××区・・・・・・・
債務者　B　株　式　会　社
（債務名義上の商号　A株式会社）
代表者代表取締役　○　○　○　○

〒×××-××××　東京都練馬区・・・・・・・
債務者　乙　山　花　子
（債務名義上の氏名　甲山花子）

なお，これは，当人の名前や商号が変わっただけで，当事者の地位の承継があったわけではないので，承継執行文ではなく，通常の執行文でよいことになります。

ii）当事者の住所が変更している場合

債務名義が作成されたときから後に（裁判では口頭弁論終結時以後に），当事者の住所地が変更している場合の記載は，次のようになります。

〒×××-××××　東京都××区・・・・・・・
（債務名義上の本店所在地　東京都○○区・・・・・）
債務者　株　式　会　社　甲工務店
代表者代表取締役　○　○　○　○

〒×××-××××　東京都練馬区・・・・・・・
（債務名義上の住所　東京都新宿区・・・・・）
債務者　甲　山　太　郎

③　請求債権目録

「請求債権目録」は，債権者が有している債務名義を特定し，さらに，請求する債権を特定します。

ⅰ）債務名義が判決正本の場合

債務名義が判決のときは，その事件の係属していた裁判所・事件番号などで特定します。

【書式】請求債権目録（債務名義が判決正本の場合）

> **請求債権目録**
>
> 債権者債務者間の東京地方裁判所平成26年(ワ)第○○○号事件の執行力ある判決正本に表示された下記金員
>
> 記
>
> (1)　元金 87,654,321円
> ただし，上記判決正本主文に記載された金員。
>
> (2)　遅延損害金
> 上記(1)に対する平成○○年×月△日から支払済みまで年○パーセントの割合による金員。

ⅱ）債務名義が調書判決正本の場合

「調書判決」というのは，判決正本の代わりとされる口頭弁論調書で，裁判所書記官が作成する口頭弁論調書です。その点を気をつければ，基本は判決正本の場合と同じです。

【書式】請求債権目録（債務名義が調書判決正本の場合）

請求債権目録 債権者債務者間の東京地方裁判所平成26年(ワ)第○○○号事件の執行力ある第○回口頭弁論調書（判決）正本に表示された下記金員 記 (1)　元金　6,549,873円 ただし，第○回口頭弁論調書（判決）に記載された金員。 (2)　遅延損害金 上記(1)に対する平成○○年×月△日から支払済みまで年○パーセントの割合による金員。

iii）債務名義が和解調書正本の場合

和解調書の場合は，和解条項の部分に債権が記載されているので，その点に注意して記載します。

【書式】請求債権目録（債務名義が和解調書正本の場合）

請求債権目録 債権者債務者間の東京地方裁判所平成26年(ワ)第○○○号事件の執行力ある和解調書正本に表示された下記金員 記 (1)　元金　6,549,873円 ただし，上記和解条項第○項に記載された金員。 (2)　遅延損害金 上記(1)に対する平成○○年×月△日から支払済みまで年○パーセントの割合による金員。

ⅳ）債務名義が執行証書（公正証書）の場合

執行証書（公正証書）の場合は，判決とは違い，債権の内容を記載して特定する方がよいでしょう。

【書式】請求債権目録（債務名義が執行証書の場合）

> **請求債権目録**
>
> 東京法務局所属公証人××××作成平成○年第○○○号債務弁済契約公正証書の執行力ある正本に表示された下記金員
>
> 記
>
> ⑴　元金　12,345,678円
> ただし，平成○年○月○日金銭消費貸借契約に基づく貸付金の残元金。
>
> ⑵　利息金
> 上記⑴に対する平成○○年×月△日から平成×年×月×日まで年○パーセントの割合による利息金。
>
> ⑶　損害金
> 上記⑴に対する平成○○年×月△日から支払済みまで年○パーセントの割合による損害金。

④　物件目録

物件目録は，強制競売の対象となる債務者所有の不動産を特定して記載します。記載方法は，基本的には不動産登記事項証明書の記載通りにすればよいでしょう。

具体的には，まず，不動産には「土地・建物」があり，土地には宅地，雑種地，建物には，一戸建ての居宅，工場，マンションなど，様々なものがありますので，それぞれの記載に注意して作成します。

【書式】物件目録

	物　件　目　録	
1．所　　在	東京都新宿区××町○丁目	
地　　番	×番＊	
地　　目	宅　地	
地　　積	123㎡05	
2．所　　在	東京都新宿区××町○丁目×番地＊	
家屋番号	×番＊	
種　　類	居　宅	
構　　造	木造瓦葺２階建	
床 面 積	1　階　40㎡00	
	2　階　35㎡00	

2）担保不動産競売の申立書

担保不動産競売の申立書も強制競売と同じく，「申立書本文」「当事者目録」「請求債権目録」「物件目録」で構成されていますが，多少，記載内容が異なります。

①　申立書本文

申立書の１頁目にあたる部分で，具体的な内容は目録類で記載するので，ほとんどが定型の文面のみで構成されています。

表題は，「不動産競売申立書」または「担保不動産競売申立書」となっているのが一般的で，提出先となる管轄裁判所，日付，債権者名および代理人弁護士名と押印，連絡先となる電話番号，FAX番号を記載，次に，当事者・請求債権・目的不動産について目録に記載する旨を書いて，本文に移ります。

この本文は，ほとんど定型化されており，「債権者は，債務者に対し，別紙請求債権目録記載の債権を有しているが，債務者がその支払をしないので，別紙担保権目録記載の担保権に基づき，別紙物件目録記載の不動産の競売を求める。」となります。そして最後に添付書類を明記して，完成です。

【書式】担保不動産競売申立書

担保不動産競売申立書

平成26年○月○日

東京地方裁判所　第21民事部　　御中

申立債権者代理人　　弁護士　○　○　○　○
電　話　03-3***-****　FAX　03-3***-****

当事者
担保権・被担保債権・請求債権
目的不動産
｝別紙目録記載のとおり

債権者は，債務者に対し，別紙請求債権目録記載の債権を有しているが，債務者がその支払をしないので，別紙担保権目録記載の根抵当権に基づき，別紙物件目録記載の不動産の競売を求める。

添　付　書　類

1．	不動産登記簿謄本	2通
2．	公課証明書	1通
3．	住民票	1通
4．	資格証明書	1通
5．	委任状	1通

②　当事者目録

担保不動産競売では，申立債権者・債務者の住所・氏名（法人名）と他に不動産の所有者が当事者となります。強制競売では，対象不動産が債務者の所有不動産でしたが，担保不動産競売では，担保である不動産が対象となり，その不動産は必ずしも債務者の所有とは限らず，第三者の不動産であることもあります。つまり，債務者以外の第三者が債務の担保として,債務者のために自分の不動産を担保として提供するということで，このような第三者を「物上保証人」といいます。

【書式】当事者目録

当事者目録

〒×××－××××　東京都港区・・・・・・・
債権者　株式会社○○銀行
代表者代表執行役　甲　山　乙　助

〒×××－××××　東京都千代田区・・・・・・・
債権者代理人
弁護士　○　○　○　○

〒×××－××××　東京都××区・・・・・・・
債務者　△　△　△　△

〒×××－××××　東京都××区・・・・・・・
所有者　×　×　×　×

もちろん，債務者の所有不動産に担保設定をしていることもあります。その場合は，債務者の表記は「債務者兼所有者」となります。

〒×××－××××　東京都××区・・・・・・・ 債務者兼所有者　△　△　△　△

③　担保権・被担保債権・請求債権目録

強制競売と異なり，請求債権のみではなく，担保権とそれによって担保されている債権（被担保債権）を表示します。

ⅰ）担保権が抵当権の場合

【書式】担保権・被担保債権・請求債権目録（抵当権の場合）

担保権・被担保債権・請求債権目録

1．担保権

平成○年○月○日設定の抵当権

登　記　　東京法務局○○出張所

平成○年○月○日受付第＊＊＊＊＊号

2．被担保債権及び請求債権

⑴　元金 12,345,678円

ただし，平成○年○月○日付金銭消費貸借に基づく貸付残元金。

⑵　利息金 345,678円

ただし，上記⑴記載の元本に対する平成○年○月○日から平成○年○月○日まで年○パーセントによる利息金。

⑶　損害金

ただし，上記⑴記載の残元金に対する平成○年○月○日から完済まで年○パーセントによる損害金。

ii）担保権が根抵当権の場合

根抵当権は，「債権の範囲」に含まれる契約から生ずる債権について，極度額の範囲まで担保するので，根抵当権の「債権の範囲」や「極度額」を記載し，被担保債権は極度額の範囲に限られます。その点で，抵当権の場合と異なります。

【書式】担保権・被担保債権・請求債権目録（根抵当権の場合）

担保権・被担保債権・請求債権目録

1．担保権
平成○年○月○日設定の根抵当権
極　度　額　金 40,000,000円
債権の範囲　銀行取引から生ずる一切の債権，手形債権，小切手債権
登　　　記　東京法務局
平成○年＊月＊日受付第＊＊＊＊＊号

2．被担保債権及び請求債権
下記債権合計額のうち，極度額金40,000,000円に満つるまで。

記

(1)　元金 31,030,709円
ただし，平成○年○月○日付金銭消費貸借に基づく貸付残元金。

(2)　利息金 30,709円
ただし，(1)記載の金銭消費貸借契約に基づく元金＊＊＊＊円に対する平成○年○月○日から平成○年○月○日まで年○パーセントによる利息金。

(3)　遅延損害金
上記(1)の元金31,030,709円に対する平成○年○月○日から完済に至るまで年○パーセントの割合による遅延損害金。

「被担保債権及び請求債権」の部分で，「極度額金40,000,000円に満つるまで」とある部分が被担保債権です。つまり，40,000,000円までこの根抵当権によって担保される，ということです。

「記」以降が請求債権の内容にあたります。この場合は，請求債権の現在額（元金31,030,709円＋利息金30,709円）よりも極度額の方が多額になるので，被担保債権の部分の記載は，「極度額金40,000,000円に満つるまで」となります。元金が大きい，利息金が大きくなっているなど，請求債権の額が40,000,000円を超える場合は，請求債権のうち，40,000,000円まで担保されるので，被担保債権の記載は，「極度額金40,000,000円の範囲」となります。

④　物件目録

物件目録は，強制競売の場合と同じく，対象となる不動産を特定して記載します。記載方法は，強制競売の場合と同じです。

(5)　申立書の提出

申立書の記載が完了すると，申立書本文，当事者目録，請求債権目録，物件目録の順に閉じ，申立書本文の申立人（または申立代理人）欄に押印，各ページ間に契印し（各ページにページ数を記入している場合は契印不要），申立書を作ります。

申立書ができあがると，添付書類とともに裁判所に提出します。

1）強制競売の場合の提出書類

申立書の他に，添付書類を用意します（平成25年現在）。これらのものは，申立書を含め，返却されることはありませんので，「控え」としてコピーをとっておく方がよいでしょう。

①　債務名義

②　債務名義送達証明書

③　不動産登記事項証明書（原本と写し２通）

④　公課証明書（原本と写し２通）

⑤　債務者が自然人（個人）の場合，住所を証する書面（住民票の写し，戸籍の附票）

債務者が法人の場合，資格を証する書面（登記事項証明書，代表者事項証明書）

⑥　債権者が法人の場合，資格を証する書面（登記事項証明書，代表者事項証明書）

⑦　対象不動産の公図，地積測量図，建物図面・各階平面図，現地案内図

⑧　弁護士が代理人となって提出する場合，委任状

⑨「当事者目録」・「請求債権目録」・「物件目録」各１部

申立手数料として債務名義１通につき4,000円の収入印紙を貼付します。他に，送達用の郵券を納付する場合もありますが，郵券の券種，金額は，裁判所によって異なり，また裁判所によっては郵券の納付が不要のところもありますので，裁判所に確認しなければなりません。

2）担保不動産競売の場合の提出書類

申立書の他に，添付書類を用意するのは強制競売と同じですが，添付書類の種類と，手数料の根拠が少し異なります。強制競売のときと同じく，申立書，添付書類については，「控え」としてコピーをとっておく方がよいでしょう。

①　不動産登記事項証明書（共同担保となっている不動産が対象となる場合，共同担保目録付，原本と写し２通）

②　公課証明書（原本と写し２通）

③　債務者が自然人（個人）の場合，住所を証する書面（住民票の写し，戸籍の附票）

債務者が法人の場合，資格を証する書面（登記事項証明書，代表者事項証明書）

④　債権者が法人の場合，資格を証する書面（登記事項証明書，代表者事項証明書）

⑤　対象不動産の公図，地積測量図，建物図面・各階平面図，現地案内図

⑥　弁護士が代理人となって提出する場合，委任状

⑦「当事者目録」・「担保権・被担保債権・請求債権目録」・「物件目録」各１部

申立手数料として担保権１個につき4,000円の収入印紙を貼付します。

他に，送達用の郵券については，強制競売と同じです。

３）申立書提出後の手続

申立書と添付書類を提出すると，申立書の内容，添付書類の不備が審査され，不備があると裁判所書記官から指摘されるので，補正をします。補正する箇所がない，または補正が完了すると，申立人は，裁判所に「競売予納金」を納付します。この「競売予納金」は，裁判所が競売事件を進行する上で必要な費用に充てられ，かかった費用は，最終的に不動産が売却された後の配当時に，「手続費用（執行費用）」として認められるものについて，申立債権者に売却代金の中から支払われます。また，残った予納金は返還されます。つまり，競売予納金は，競売事件の進行に必要な費用を申立人が立替え，最終的に不動産が売却されるとその売却代金の中から手続費用と認められた分だけ返してもらえる，ということになります。

「競売予納金」の金額は，裁判所によって異なります。ちなみに東京地方裁判所の場合は，

・請求債権額が2,000万円未満の場合は60万円

・請求債権額が2,000万円以上5,000万円未満の場合は100万円

・請求債権額が5,000万円以上１億円未満の場合は150万円

・請求債権額が１億円以上の場合は200万円

となっています（平成25年現在）。

競売予納金とともに，競売の差押登記のための「登録免許税」を納付します。登録免許税の額は，

① 強制競売の場合は，請求債権額の1000分の４
② 担保不動産競売の場合は，被担保債権額（請求債権の現在額と極度額を比べて低い方）の1000分の４

で，計算方法は，請求債権額の1,000円未満を切り捨て，これに1000分の４を乗じて（かけて）100円未満を切り捨てます。

たとえば，請求債権額が12,345,678円とすると，まず，1,000円未満の678円を切り捨て（12,345,000円となります），これに1000分の４をかけます。

12,345,000円×4/1000＝49,380円

そして，この100円未満の80円を切り捨てて，49,300円となります。もし，算出した金額が1,000円未満のときは1,000円とみなします。

この登録免許税は，「国庫金納付書」により納付します（３万円以下の場合は，収入印紙で納付することもできます）。「国庫金納付書」は最寄りの税務署に備え付けてありますので，そこでもらえます。以前は，銀行などの金融機関にも備え付けてありましたが，最近は置いていないところも多く，また置いてあったとしても，「国庫金納付書」のことを知らない金融機関の職員も多いので，金融機関では手に入らないと考えておいた方がよいでしょう。この「国庫金納付書」には，納付先の税務署を記載する欄があります。納付先税務署は，対象となる不動産の所在地を管轄する税務署を記入します。どの地域がどの税務署の管轄であるかは，国税庁のホームページで調べることができます。

国税庁ホームページ　国税局・税務署を調べる（平成25年現在）

http://www.nt a .go.jp/soshiki/kokuzeikyoku/chizu/chizu.htm

競売予納金，登録免許税が納付されると，裁判所が「強制競売開始決定」または「担保不動産競売開始決定」を出し，これにより競売の手続が始まることになります（民執45条１項，188条）。申立てが事件として立件されると，事件番号が付されます（強制競売は平成○年(ヌ)第＊＊＊＊号，担保不動産競売は平成○年(ケ)第＊＊＊＊号）。以後，裁判所へ事件に関して問い合わせをする場合，この事件番号が必要となります。

この「競売開始決定」は当事者に送達されます（民執45条２項，188条）。

申立債権者としてするべきことは，ここで一段落です。この後は，裁判所の手続となるので，その推移を待つことになります。

(6)　開始決定後の手続

不動産競売事件の開始決定後の推移ですが，大まかにいうと

①　執行官に対象不動産の現況調査，不動産鑑定士に鑑定評価を命ずる。

↓

②　①と平行して配当要求終期を定め，関係者に「債権届の催告書」を送付する。

↓

③　売却基準価額と売却条件を決定し，入札期間を定め，公告する。

↓

④　入札期間経過後，指定した日に開札し，最高価買受申出人に対し売却許可決定を出し，代金納付期限の通知をする。

↓

⑤　代金納付後，配当期日を定め，配当を受け得る債権者に通知するとともに，債権計算書提出の催告をする。

↓

⑥　配当期日に配当を行う。

という流れになります。

申立債権者が開始決定後に関わるのはこの⑤と⑥の時です。

(7) 配当手続

買受人が代金を納付すると，裁判所は，これを配当原資として，配当を行います。

配当期日については，裁判所から配当を受け得る債権者に対し，呼出状を送るとともに，配当期日までの債権額を計算して，「債権計算書」を提出する催告を出します。つまり，裁判所から，

「このたび，不動産が売却され，配当手続を行うこととなりました。つきましては，配当額を計算するために，あなたの債権額が，配当期日の時点でいくらになっているかを計算して届出して下さい」

との連絡がくる，ということです。

実際には「配当期日呼出状及び計算書提出の催告書」というものが送達されます。債権者はそれを受領した日から１週間以内に債権計算書を裁判所に提出するよう催告を受けます（民執規60条)。

配当の受領は，配当期日当日に裁判所に出頭し，小切手で受領するか，もしくは指定した口座に振込みによって受領する方法があります。

いずれにしても，この配当金を受領して，事件は終了します。

(8) 債務名義還付手続（強制競売のみ）

配当を受領しても，その配当額が，申立債権者の有する債権額に満たない場合，再度，債務者が有する別の財産に強制執行をする必要が出てくることがあります。そのために，強制競売事件が終了した後，申立てに使用した債務名義と送達証明書を裁判所から返してもらう（「還付」といいます）手続をしておく必要があります。これを忘れると，所定の期間が経過したら，裁判所の記録が廃棄されるので，債務名義も一緒に廃棄されてしまいます。ですので，必ず還付手続をするようにします。

5　債権差押申立て

債権執行は
不動産執行とは
少し違うんだよ
ハイ
まず
第三債務者
という当事者が
います
不動産競売のように売却
するのではなく
債権者に取立権が
発生します
だからしっかり
しないと！
しっかり
しないと
意味がちがうよ

強制執行には「差押え」というイメージがつきまとい，不動産を差し押さえて売ってしまうとか，古い映画やドラマにあったような執行官が債務者の家に来て家財道具を差し押さえていく「動産差押え」を思い浮かべるでしょうが，これら以外にも，債務者の財産には「債権」があり，それを差し押さえる「債権差押え」という手続があります。

たとえば，債務者が銀行預金を持っていれば，銀行に対する債権を持っていることになります（債権者は預金者，債務者は銀行）。また，会社勤めをして毎月給料をもらっているのであれば，会社に対する債権（給与債権）を持っていることになります（債権者は従業員，債務者は会社）。これらを債権者が差し押さえて，取立てをして債権を回収する手続が「債権差押え」です。

しかし，不動産や動産とは違って，債権は具体的に目に見えるものではありません。たしかに，銀行預金には預金通帳，売買契約には契約書がありますが，これらは，その債権の存在を示すものであり，債権そのものではありません。また，売買契約といっても必ずしも売買契約書が存在するわけではありません（極端な例をあげると，スーパーで買い物をする時に，いちいち売買契約書なんて作りませんよね）。ですから，債権差押えの手続では，不動産競売には出てこない当事者（第三債務者）や手続（第三債務者に対する陳述催告申立て）が出てきます。

さらに，目に見えないものですから，不動産や動産に比べて不確実といえます。債権差押命令が出されたが，そんな債権は存在しないとか，すでに債務者に支払われてしまっていた，という事態が起こり得ます。

このようなことを踏まえて，債権差押手続について解説していきます。

(1) 対象となる債務者の財産の調査―第三債務者を知る

債権差押えをするには，債務者がどこにどのような財産を持っているかを調べなければなりません。また，差し押さえるべき債権（「差押債権」または「被差押債権」といいます）にも債務者はいます。この債務者を「第三債務者」といいます。

不動産競売では，「差押登記」をすることによって，その不動産が差し押さえられて競売手続が始まっているということを告知できますが，債権差押えでは，そのような手続はなく，差し押さえた債権の債務者（第三債務者）に対し，「債権差押命令正本」を送達し，第三債務者に「○○（債務者＝差押債権の債権者）があなた（第三債務者）に対して持っている債権を差し押えます」ということを告知することで差押えをします。ですので，この「第三債務者」が誰であるかが重要になります。現在の制度では，執行の対象となる財産を債権者が特定しなければなりません。強制執行に縁のない人は，「差押えを裁判所に申し立てたら，裁判所が日本中の銀行や信用金庫などから，相手（債務者）の預金を探し出して差し押さえる」と思っている人もいるでしょう（実は，そう考えている人はとても多いのです）。

でも，裁判所は，そういうことはしません（というより，そんなことできません）。なので，債権差押手続では，「債務者が○○銀行○○支店に持っている預金口座を差し押さえる」というように，申立てをする債権者の方で，具体的に指定しなければならないのです。

そこで，債務者がどこにどのような財産を持っているかを調べることが必要となります。

① 銀行等の預金

銀行預金については，まず，債務者が口座を持っている銀行がわかっているのであればいいのですが，それがわからないのが普通でしょう（どこの銀行にいくら預金を持っているなんて，言いふらす人はあまりいないでしょうからね)。他人の預金口座を調べることはなかなかできません。探偵社の中には，「相手の預金口座を調べます」という宣伝をするところもありますが，確実に調べることができる，とは言っていません。

ですので，相手の銀行預金を詳しく調べることはできませんが，銀行預金の差押えの場合は，原則として，銀行名と支店が特定できればよいので，債務者の自宅・勤務先周辺にある銀行からいくつかを選んで，それを第三債務者として，債権差押申立てをする，という方法が採られています。そうやって選択した銀行に債務者の預金口座があれば，第三債務者からの陳述で預金口座がある旨の回答が送られてきますし，なければ「無し」の回答が送られてきます。

他に，債務者が法人の場合，その法人がホームページを持っていれば，そこの「会社概要」または「○○○（債務者）について」のように，その法人の歴史，事業内容などを紹介したサイトの中に，「取引銀行」としてあがっている銀行があれば，そこを第三債務者として債権差押えの申立てをすればよいでしょう。

このように，預金については，債務者がどこに預金口座を持っているか明確に判明している場合は別として，わからない時は，ある程度決め打ちして申立てをすることが多いです。

②　給料債権

債務者が株式会社に勤務するサラリーマンの場合は，勤務先である会社の名称，本店所在地，債務者が実際に勤務している場所（本社なのか支社なのか，支社ならばどこの支社なのか）がわかればよいでしょう。現在では，多くの企業が自社サイトをもっているので，インターネットを利用して，その会社のサイトを検索すれば，本店（本社）所在地や支店（支社）の所在地を調べることができます。

債務者が公務員であれば，国家公務員か地方公務員かによって第三債務者が違ってきます。つまり，勤務している役所が国か地方公共団体かによって異なりますので，その点を注意すればよいでしょう。国でも地方公共団体でも，役所はそのホームページを持っていることが多いので，債務者の勤務している役所の名称を検索すれば，そのホームページから種々の情報を入手することができます。

(2)　差押禁止債権

債権者は債務者の有しているすべての債権を差し押さえることができるわけではなく，差押えが禁止される債権もあります。たとえば，給料の一部や生活保護費などです。給料は債務者の生活を支えているものであり，生活保護費などは生活が困難と認定された者に対して国が支給しているものですから，これを差し押さえることができるとすると，その目的が失われてしまいます。このように，債務者の基本的な生活に関わる部分については，差押えが禁止されているのです。生活保護費などは，それぞれの法律上，差押禁止とされています。

民事執行法で，条文上，差押えが禁止されている債権は，以下のとおりです。

民事執行法第152条（差押禁止債権）

1．次に掲げる債権については，その支払期に受けるべき給付の４分の３に相当する部分（その額が標準的な世帯の必要生計費を勘案して政令で定める額を超えるときは，政令で定める額に相当する部分）は，差し押さえてはならない。

一　債務者が国及び地方公共団体以外の者から生計を維持するために支給を受ける継続的給付に係る債権

二　給料，賃金，俸給，退職年金及び賞与並びにこれらの性質を有する給与に係る債権

2．退職手当及びその性質を有する給与に係る債権については，その給付の４分の３に相当する部分は，差し押さえてはならない。

ここに掲げられている債権については，その４分の３が差押禁止債権とされています。ただし，給与の額が「標準的な世帯の必要生計費を勘案して政令で定める額」を超えるときは，その額に相当する部分が差押禁止範囲となります。

「標準的な世帯の必要生計費を勘案して政令で定める額」は以下のとおりです。

【標準的な世帯の必要生計費を勘案して政令で定める額】

支　払　期	差押禁止の範囲
毎月（月給）	33万円
毎半月	16万5,000円
毎旬	11万円
月の整数倍の期間ごとに定められている場合（毎２ヶ月，毎３ヶ月など）	33万円×当該倍数（２ヶ月，３ヶ月など）
毎日（日給）	１万1,000円
その他の期間が定められている場合（５日間，７日間など）	１万1,000円×当該日数（５日，７日など）
賞与及びその性質を有するもの	33万円

月給であれば，最大33万円が差押禁止範囲なので，法定控除額を除いた給料の額が，（33万円が４分の３となる）44万円を超えるか超えないかで，差押えできる額が変わってきます。

単純な例で計算してみます。

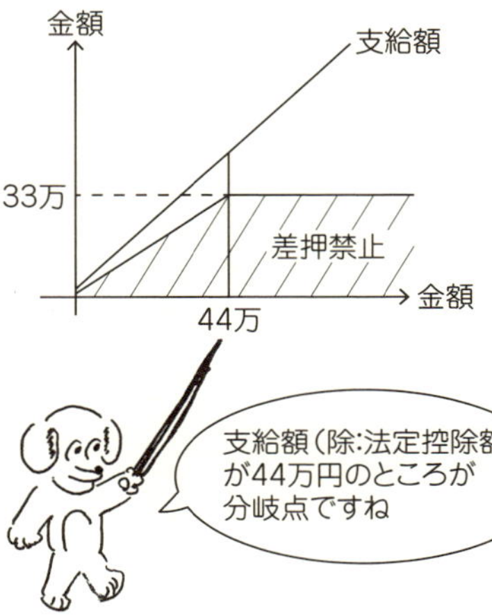
金額
支給額
33万
差押禁止
金額
44万
支給額（除:法定控除額）
が44万円のところが
分岐点ですね

①　債務者の月給が28万円の場合（44万円を超えない場合）

28万円の４分の３は21万円ですから，この21万円が差押禁止範囲となり，差額の７万円を差し押さえることができます。

②　債務者の月給が60万円の場合（44万円を超える場合）

60万円の４分の３は45万円となり，月給についての「標準的な世帯の必要生計費を勘案して政令で定める額」である33万円を超えるので，33万円が差押禁止範囲となり，60万円と33万円の差額の27万円を差し押さえることができます。

(3)　債権差押命令の効果

債権差押命令が発令されたら，どのような効果があるのでしょうか。不動産競売のように，差押登記がされると，債務者が不動産を売ろうとしても，買い手は登記を調べると「差押」と入っているのがわかりますから，買うのをやめるでしょう（もちろん，差押登記が付いたまま買うことはできます。その場合は，買い手が，競売によって将来その不動産の所有権を失う危険を承知で買うことになるからです)。でも，債権であれば，債務者と第三債務者が結託して，「差押命令なんて知らない。」「○○（債権者）なんて人は知らない。○○さん（債務者）にしか払いません。」などと言い張って，債権者に支払わないなんてこともありえます。なので，差押命令は，債務者と第三債務者に対し，それぞれ制限を加えるようになっています。

①　第三債務者に対する効力

債権差押命令正本が第三債務者に送達されると，第三債務者は，差し押さえられた債権を債務者（差押債権の債権者）に弁済することを禁じられます。それを無視して債務者（差押債権の債権者）に弁済しても，それを債権者に主張することはできなくなります。つまり，第三債務者は債権者に支払わなければならず，「二重払い」することになります。

また，差押えをされることにより，第三債務者は，供託することもできるようになります。

② 債務者に対する効力

債権差押命令正本が債務者に送達されると，債務者はその債権の弁済を受けることができなくなり，さらに，その債権を他人に譲渡したり，質権を設定したりすることができなくなります。

(4) 債権差押手続の流れ

債権差押事件の手続の流れとしては，申立てがなされ，申立ての審査がなされ，問題がなければ裁判所が「債権差押命令」を発令します。

そして「債権差押命令正本」がまず，第三債務者に送達されます。無事，第三債務者に送達されると，差押えの効力が発生します（民執145条４項）。「差押命令正本」は債務者と申立債権者にも送達されます。債務者に送達された日から１週間経過すると債権者に「取立権」が発生し，債権者は差押債権の取立てをすることができます（民執155条１項）。

申立債権者は，差押債権を取立てをした結果，申立債権者の債権満額が回収できれば，裁判所に対し「取立完了届」を提出して事件は終了します。申立債権者の債権の一部しか回収できなかった場合（申立債権者は500万円の債権を持っていたが，差し押さえた債権が200万円であった場合），申立債権者は，裁判所に対し「取立届」とともに，「取り立てた額を除く，その余を取り下げる」旨の「取下書」を提出します。

差し押さえたが，差押債権が「債権差押命令正本」が第三債務者に送達される前に弁済されていて既に消滅していた，または，もともとそのような債権がなかったような場合（「空振り」とよばれています），「申立ての全部を取り下げる」旨の取下書を提出します。

債権の差押えがされると，第三債務者が供託をするケースがあります。その場合，供託した旨の届（事情届）を第三債務者が裁判所に提出し，その後に裁判所が配当手続を行い，債権者に対して配当をします。

債権差押えをしたが，債務者が供託もせず，申立債権者の請求に対して何も支払わないようなときは，申立債権者は第三債務者に対し，差し押さえた債権の支払いを求める「取立訴訟」を提起します。その訴訟で勝訴判決を得た債権者は，その判決を債務名義として第三債務者の財産に対して強制執行をすることになります。

債権差押手続の流れとして考えられるのはおおよそこのようなところでしょう。

(5)　申立前の準備

債権差押えの申立てをするには，

①　執行力のある債務名義の正本（民執22条）

②　債務名義の送達証明書（民執29条）

③　第三債務者を含め，当事者に法人がある場合，その法人の資格を証する書面

が必要になります。

不動産競売のときの不動産登記事項証明書のような差押えの対象となる財産に関する書類は提出しません。その代わり，申立書に添付される「差押債権目録」で，どのような債権を差し押さえるのかを丁寧に記載することになります。

債権者でも債務者でも，法人が当事者となっている場合，その法人としての資格を証する書面が必要となります（民訴規18条，15条）。不動産競売と同じく，法人の「登記事項証明書」や「代表者事項証明書」が利用されており，その法人の「法人名」と「主たる事務所」「本店所在地」をもとに法務局に交付申請します。

(6)　申立書の作成

債権差押申立書は，「債権差押命令申立書」と表題が書かれた表紙部分と「当事者目録」，「請求債権目録」，「差押債権目録」で構成されています。それぞれの目録は，債務名義の種類，差押えの対象となる債権によって，多少記載が異なるので，

①　債務名義の種類（どのような債務名義に基づいて申立てをするのか）

②　差押えの対象となる債権（どのような債権を差し押さえるのか）

によって，書き方を変えて作成します。

1）申立書（表紙）

【書式】債権差押命令申立書

債権差押命令申立書

平成26年　月　日

東京地方裁判所　　御中

申立債権者代理人
弁護士　○○○○

当 事 者
請求債権　｝別紙目録のとおり
差押債権

債権者は，債務者に対し，別紙請求債権目録記載の執行力ある債務名義の正本に表示された上記請求債権を有しているが，債務者がその支払をしないので，債務者が第三債務者に対して有する別紙差押債権目録記載の債権の差押命令を求める。

併せて，第三債務者に対し，陳述催告の申立て（民事執行法第147条第１項）をする。

添付書類

1．執行力のある債務名義の正本　　1通
2．同送達証明書　　1通
3．資格証明書　　○通
4．委任状　　1通

申立書の表紙部分は，債務名義の種類，差押債権の種類によって大きく変わることは，おそらくないでしょう。気をつけるべきは，誤字・脱字の他，提出先となる管轄裁判所，添付書類の名称・通数の記載に誤りがないかでしょう。

2）当事者目録

①　債権者・債務者の記載

原則としては，債務名義に記載されているとおりに記載します。

〈原則〉

債務名義の記載
〒×××－××××　東京都港区・・・・・・・
原　告　　甲　　田　　乙　　男
↓
当事者目録の記載
〒×××－××××　東京都港区・・・・・・・
債権者　　甲　　田　　乙　　男

債務名義成立後に氏名・法人名が変わった場合，戸籍記載事項証明書や法人登記事項証明書などで同一性を証明します。

〈後に姓が変更した場合〉

債務名義の記載
〒×××－××××　東京都港区・・・・・・・
原　告　　山　　田　　甲　　子
↓
当事者目録の記載
〒×××－××××　東京都港区・・・・・・・
債権者　　川　　田　　甲　　子
（債務名義上の氏名　山　田　甲　子）

債務名義成立後に住所・本店所在地が変わった場合，住民票の写しや法人登記事項証明書などで同一性を証明します。

〈後に住所が変更した場合〉

債務名義の記載
〒×××－××××　東京都千代田区・・・・・・・
原　告　山　田　甲　子

↓

当事者目録の記載
〒×××－××××　東京都港区・・・・・・・
債権者　山　田　甲　子
（債務名義上の住所　東京都千代田区・・・）

② 第三債務者の記載

i）給料の場合（公務員以外）

〒×××－××××　東京都港区・・・・・・・
第三債務者　株式会社○○産業
代表者代表取締役　○　○　○　○

ii）国家公務員の給料の場合

第三債務者　国
代表者　○　○　○　○
（送達場所）〒×××－××××　東京都千代田区・・・・・・・

iii）地方公務員の給料の場合（東京都の公務員の場合）

第三債務者　東京都
代表者　○　○　○　○
（送達場所）〒×××－××××　東京都○○区・・・・・・・

iv）供託金の場合

第三債務者　国
代表者　○○法務局供託官　△△△△
（送達場所）〒×××-××××　○○・・・・・・・・・・・

v）銀行預金の場合

〒×××-××××　東京都千代田区・・・・・・・
第三債務者　株式会社○○銀行
代表者代表取締役　○　○　○　○
（送達場所）〒×××-××××　○○・・・・・・・・・・・
株式会社○○銀行　○○支店

vi）郵便貯金（民営化後）の場合

〒×××-××××　東京都○○区・・・・・・・
第三債務者　株式会社ゆうちょ銀行
代表者代表執行役　○　○　○　○
（送達場所）〒×××-××××　○○・・・・・・・・・・・
株式会社ゆうちょ銀行　○○貯金事務センター

vii）郵便貯金（民営化前）の場合

〒×××-××××　東京都港区・・・・・・・
第三債務者　独立行政法人
郵便貯金・簡易生命保険管理機構
代表者理事長　○　○　○　○

viii）診療報酬の場合

〒×××－××××　・・・・・・・・
第三債務者　社会保険診療報酬支払基金
代表者理事長　○　○　○　○
（送達場所）　〒×××－××××　○○・・・・・・・・・・・
社会保険診療報酬支払基金○○支部
幹事長　○　○　○　○

〒×××－××××　・・・・・・・・
第三債務者（都道府県名）国民健康保険団体連合会
代表者理事長　○　○　○　○

3）請求債権目録

請求債権目録の記載は，使用する債務名義に債権がどのように記載されているかによって，多少の違いが出てきます。

①　債務名義が判決正本の場合

判決の主文が，

1．被告は原告に対し，金87,666,666円及び内金87,654,321円に対する平成○○年×月△日から支払済みまで年５パーセントの割合による金員を支払え。

2．訴訟費用は，被告の負担とする。

となっているとします。判決理由の内容とあわせて，主文に記載されている金額のうち，いくらが元金で，その他，利息や損害金がどのような利率（パーセント）になっているかを読み取り，請求債権目録を作成します。

この例ですと，請求債権目録は，このようになります。

遅延損害金は申立日までの金額を計算します。

【書式】請求債権目録（債務名義が判決正本の場合）

請求債権目録

金 88,354,436円

債権者債務者間の東京地方裁判所平成26年(ワ)第○○○○号事件の執行力ある判決正本に表示された下記金員及び執行費用。

記

(1)　元金 87,654,321円

(2)　利息金 12,345円

上記(1)に対する平成○○年×月△日から平成○○年○月○日まで年＊＊パーセントの割合による金員。

(3)　遅延損害金 678,900円

上記(1)に対する平成○○年×月△日から平成○○年△月×日まで年5パーセントの割合による金員。

(4)　執行費用　金 8,870円

（内訳）	本申立手数料	金4,000円
	本申立書作成及び提出費用	金1,000円
	差押命令正本送達費用	金2,820円
	資格証明書交付手数料	金　600円
	送達証明申請手数料	金　150円
	執行文付与申立手数料	金　300円

②　債務名義が口頭弁論調書（調書判決）の正本の場合

基本的には，①と同じで，債務名義の表記が変わります。

【書式】請求債権目録（債務名義が調書判決正本の場合）

請求債権目録

金 88,354,436円

債権者債務者間の東京地方裁判所平成26年(ワ)第○○○○号事件の執行力ある第＊回口頭弁論調書（判決）正本に表示された下記金員及び執行費用。

記

(1)　元金 87,654,321円

(2)　利息金 12,345円

上記(1)に対する平成○○年×月△日から平成○○年○月○日まで年＊＊パーセントの割合による金員。

(3)　遅延損害金 678,900円

上記(1)に対する平成○○年×月△日から平成○○年△月×日まで年＊＊パーセントの割合による金員。

(4)　執行費用　金 8,870円

（内訳）	本申立手数料	金4,000円
	本申立書作成及び提出費用	金1,000円
	差押命令正本送達費用	金2,820円
	資格証明書交付手数料	金　600円
	送達証明申請手数料	金　150円
	執行文付与申立手数料	金　300円

③　債務名義が和解調書の正本の場合

和解調書では，和解条項で支払方法，期限の利益喪失などが規定されていることが多いです。ですので，和解条項に従い支払いを続けているうちは強制執行できませんから，請求債権目録中に，期限の利益を喪失した旨を記載しておくほうがよいでしょう。期限の利益を喪失していないことは「抗弁」となり，債務者が主張することなので，申立債権者は，そのことに触れなくてもよいという考え方もあるのですが，受付後，審査の段階で，問い合わせをされることもあるので，記載しておくほうがよいでしょう。

【書式】請求債権目録（債務名義が和解調書正本の場合）

請求債権目録

金 88,354,436円

債権者債務者間の東京地方裁判所平成26年(ワ)第○○○○号事件の執行力ある和解調書正本に表示された下記金員及び執行費用。

記

(1)　元金 87,654,321円

(2)　利息金 12,345円

上記(1)に対する平成○○年×月△日から平成○○年○月○日まで年＊＊パーセントの割合による金員。

(3)　遅延損害金678,900円

上記(1)に対する平成○○年×月△日から平成○○年△月×日まで年＊＊パーセントの割合による金員。

(4)　執行費用　金 8,870円

（内訳）	本申立手数料	金4,000円
	本申立書作成及び提出費用	金1,000円
	差押命令正本送達費用	金2,820円
	資格証明書交付手数料	金　600円
	送達証明申請手数料	金　150円
	執行文付与申立手数料	金　300円

なお，債務者は，平成○年○月○日に支払うべき金員の支払いを怠ったため，平成×年×月×日の経過により期限の利益を喪失した。

④　債務名義が仮執行宣言付支払督促正本の場合

支払督促の手続では，その正本に督促費用の記載がある場合があり，それも含めて請求債権に記載することができます。

【書式】請求債権目録（債務名義が仮執行宣言付支払督促正本の場合）

請求債権目録

金 703,340円

債権者債務者間の東京簡易裁判所平成26年(ロ)第○○○○号事件の仮執行宣言付支払督促正本に表示された下記金員及び執行費用。

記

(1)　元金 654,321円

(2)　確定利息金 12,345円

(3)　損害金 21,654円

上記(1)に対する平成○○年×月△日から平成○○年△月×日まで年＊＊パーセントの割合による金員。

(4)　督促手続費用金 5,400円

仮執行宣言申立費用金 1,050円

(5)　執行費用　金 8,570円

（内訳）	本申立手数料	金4,000円
	本申立書作成及び提出費用	金1,000円
	差押命令正本送達費用	金2,820円
	資格証明書交付手数料	金　600円
	送達証明書申請手数料	金　150円

⑤　債務名義が家事調停調書正本の場合

家事調停で強制執行するのは，離婚調停で養育費などの支払が滞った場合が多いでしょう。養育費など家事事件に関係する一定の債権については，履行期未到来の債権も請求できる特則がありますので（民執151条の２），履行期未到来の部分についても請求債権目録に記載します。

【書式】請求債権目録（債務名義が家事調停調書正本の場合）

請求債権目録

金 7,662,570円

債権者債務者間の東京家庭裁判所平成26年（家イ）第○○○○号事件の調停調書正本に表示された下記金員及び執行費用。

記

(1)　元金 7,654,000円

平成○○年×月△日から平成○○年△月×日まで１ヶ月金○○○○円の割合による金員。

(2)　執行費用　金 8,570円

（内訳）	本申立手数料	金4,000円
	本申立書作成及び提出費用	金1,000円
	差押命令正本送達費用	金2,820円
	資格証明書交付手数料	金　600円
	送達証明書申請手数料	金　150円

⑥　債務名義が執行証書の場合

執行証書（公正証書）では，その執行証書の内容をよく理解して，どのような債権で，利息・損害金などの規定がどのようになっているかを読み取ることが必要です。

また，執行費用につき，判決等とは少々金額が異なるので注意が必要です。

【書式】請求債権目録（債務名義が執行証書の場合）

請求債権目録

金　656,575円

東京法務局所属公証人○○○○作成平成○年第××××号公正証書の執行力のある正本に表示された下記金員及び執行費用。

記

(1)　元金　516,784円

但し，平成○年○月○日付金銭消費貸借契約に基づく貸付金700,000円の残金。

(2)　利息金　8,965円

上記(1)に対する平成○○年×月△日から平成○○年○月○日まで年５パーセントの割合による金員。

(3)　損害金　123,456円

上記(1)に対する平成○○年×月△日から平成○○年△月×日まで年14パーセントの割合による金員。

(4)　執行費用　金　10,370円

（内訳）	本申立手数料	金4,000円
	本申立書作成及び提出費用	金1,000円
	差押命令正本送達費用	金2,820円
	資格証明書交付手数料	金　600円
	送達証明申請手数料	金　250円
	執行文付与申立手数料	金1,700円

4）差押債権目録

① 給料差押え

給料差押えの場合は，支払形態，支払時期によって，記載が異なります。また，給料は，支給額（基本給と通勤手当を除く諸手当）から法定控除額（所得税，住民税，社会保険料）を控除した額の４分の３（支給額から法定控除額を除いた残額が44万円を超えるときはその残額から33万円を控除した額）が差押禁止範囲となります（民執152条１項２号）。

ｉ）第三債務者が民間会社で，債務者が従業員の場合

給料の支払形態が月給（月払い）の場合は，このようになります。

給料の支払形態が不明な場合は，表を記載しておきます。

【書式】差押債権目録（給料債権・月給）

差押債権目録

金 656,575円　←　**この金額は請求債権額に合わせます。**

債務者が，第三債務者から支給される，本命令送達日以降支払期の到来する下記債権にして，頭書金額に満つるまで。

記

１．給料（基本給と諸手当。ただし，通勤手当を除く。）から所得税，住民税，社会保険料等（法定控除額）を控除した残額の４分の１（ただし，上記残額が月額44万円を超えるときは，その残額から33万円を控除した金額）

２．賞与から1.と同じ法定控除額を控除した残額の４分の１（ただし，上記残額が月額44万円を超えるときは，その残額から33万円を控除した金額）

なお，１.及び２.により弁済しないうちに退職したときは，退職金から所得税及び住民税を控除した残額の４分の１にして，１.及び２.と合計して頭書金額に満つるまで

【書式】差押債権目録（給料債権・支払形態不明）

差押債権目録

金 656,575円　←　**この金額は請求債権額に合わせます。**

ただし，債務者が第三債務者から支給される，本命令送達日以降支払期の到来する給料債権（基本給と諸手当。ただし，通勤手当を除く。）及び継続的に支払を受ける労務報酬債権（日給，週休，歩合手当，割増金）並びに賞与債権（夏季，冬季，期末，勤勉手当）の額から所得税，住民税，社会保険料等（法定控除額）を控除した残額の４分の１（ただし，給料債権及び継続的に支払を受ける労務報酬債権から上記法定控除額を控除した残額の４分の３に相当する額が，下記一覧表記載の支払期の別に応じ，同記載の政令で定める額を超えるときは，その残額から政令で定める額を控除した金額。また，賞与債権については，上記法定控除額を控除した残額が44万円を超えるときは，その残額から33万円を控除した金額）にして頭書金額に満つるまで。

なお，前記により弁済しないうちに退職したときは，退職金債権から所得税，住民税を控除した残額の４分の１にして，前記による金額と合計して頭書金額に満つるまで。

一　覧　表

支　払　期	金　　　額
毎月（月給）	33万円
毎半月	16万5,000円
毎旬	11万円
月の整数倍の期間ごとに定められている場合	33万円×当該倍数
毎日（日給）	１万1,000円
その他の期間が定められている場合	１万1,000円×当該日数
賞与及びその性質を有するもの	33万円

ii）第三債務者が民間会社で，債務者が役員の場合

債務者が会社の役員（代表取締役，取締役，執行役員など）の場合，第三債務者である会社から支給されるのは「給料」ではなく，「役員報酬」であり，「役員報酬」には差押禁止範囲の規定は適用されませんので，法定控除額を除いた全額の差押えが可能です。

【書式】差押債権目録（役員報酬債権）

差押債権目録

金 656,575円　←　**この金額は請求債権額に合わせます。**

1．債務者が，第三債務者から支給される，本命令送達日以降支払期の到来する役員報酬及び役員としての賞与から所得税，住民税，社会保険料等（法定控除額）を控除した残額にして，頭書金額に満つるまで。

2．上記1.により当初金額に満つる前に債務者が退職したときは，役員退職慰労金から所得税及び住民税を控除した残額にして，上記1.と合計して頭書金額に満つるまで。

iii）第三債務者が民間会社で，債務者が役員兼従業員の場合

債務者が，役員であっても，会社から給料を受け取り，さらに役員報酬を受け取っているような場合（使用人兼取締役），給料と役員報酬が併存している形式にします。

【書式】差押債権目録（給料債権＋役員報酬債権）

差押債権目録

金 656,575円　←　**この金額は請求債権額に合わせます。**

債務者が，第三債務者から支給される，本命令送達日以降支払期の到来する下記債権にして，頭書金額に満つるまで。

記

1．給料（基本給と諸手当。ただし，通勤手当を除く。）から所得税，住民税，社会保険料等（法定控除額）を控除した残額の４分の１（ただし，上記残額が月額44万円を超えるときは，その残額から33万円を控除した金額）

2．賞与から1.と同じ法定控除額を控除した残額の４分の１（ただし，上記残額が月額44万円を超えるときは，その残額から33万円を控除した金額）

3．役員として毎月または定期的に支払いを受ける役員報酬または賞与から１.と同じ法定控除額を控除した残額

4．上記１.ないし３.により頭書金額に満つる前に債務者が退職したときは，

①　退職金から所得税及び住民税を控除した残額の４分の１

②　役員退職慰労金から所得税及び住民税を控除した残額

にして，１．２．３.と合計して頭書金額に満つるまで

ⅳ）債務者が公務員の場合

債務者が公務員である場合，「俸給」という記載が入ります。

【書式】差押債権目録（公務員給料）

差押債権目録

金 656,575円 ← この金額は請求債権額に合わせます。

債務者（○○勤務）が，第三債務者から支給される，本命令送達日以降支払期の到来する下記債権にして，頭書金額に満つるまで。

記

1．俸給・給料及び諸手当（ただし，通勤手当を除く。）から所得税，住民税，共済組合掛金等（法定控除額）を控除した残額の４分の１（ただし，上記残額が月額44万円を超えるときは，その残額から33万円を控除した金額）

2．期末手当，勤勉手当（その外の賞与の性質を有するものを含む。）から１.と同じ法定控除額を控除した残額の４分の１（ただし，上記残額が月額44万円を超えるときは，その残額から33万円を控除した金額）

なお，１.及び２.により弁済しないうちに退職したときは，退職金から所得税及び住民税を控除した残額の４分の１にして，１.及び２.と合計して頭書金額に満つるまで

②　賃料差押え

債務者が不動産を持っていて，それを他人に賃貸しているとき，その賃料を差し押さえることがあります。

物件の特定は，登記事項証明書のとおりに書くか，または，所在の住所地を記載して特定するなど，いずれにせよ，賃貸部分が特定できるように記載します。

【書式】差押債権目録（賃料・登記事項証明書の記載での特定）

> **差押債権目録**
>
> 金 1,000,000円
>
> 　債務者が第三債務者に対して有する下記建物の賃料債権にして，本差押命令送達日以降支払期の到来する分から頭書金額に満つるまで。
>
> 記
>
> （物件の表示）
>
> 　　所　　在　　東京都文京区・・・・○○○番地１
> 　　家屋番号　　○○○番１の505
> 　　種　　類　　居　宅
> 　　構　　造　　鉄骨鉄筋造・・・
> 　　床 面 積　　５階部分　86.29㎡

【書式】差押債権目録（賃料・住居表示での特定）

> **差押債権目録**
>
> 金 1,000,000円
>
> 　債務者が第三債務者に対して有する下記建物の賃料債権にして，本差押命令送達日以降支払期の到来する分から頭書金額に満つるまで。
>
> 記
>
> （物件の表示）
>
> 　　東京都文京区・・・・○丁目○番○号所在
> 　　××マンション５階　505号室

③　預金債権差押え

ｉ）銀行預金の場合

銀行預金については，預金している額とそれによって発生する利息を一緒に差し押さえるのが一般的です。

【書式】差押債権目録（銀行預金）

差押債権目録

金 3,000,000円

ただし，債務者が第三債務者株式会社○○銀行（△△支店扱い）に対して有する下記預金及び同預金に対する預入日から本差押命令送達時までの既発生利息のうち，下記に記載する順序に従い，頭書金額に満つるまで。

記

1．差押えのない預金と差押えのある預金があるときは，次の順序による。
　⑴　先行の差押え・仮差押えのないもの
　⑵　先行の差押え・仮差押えのあるもの
2．円貨建預金と外貨建預金があるときは，次の順序による。
　⑴　円貨建預金
　⑵　外貨建預金　差押命令が第三債務者に送達された時点における第三債務者の電信買相場により換算した金額（外貨）。ただし，先物為替予約がある場合には，原則として予約された相場により換算する。
3．数種の預金があるときは，次の順序による。
　⑴　定期預金
　⑵　定期積立
　⑶　通知預金
　⑷　貯蓄預金
　⑸　納税準備預金
　⑹　普通預金
　⑺　別段預金
　⑻　当座預金
4．同種の預金が数口あるときは，口座番号の若い順序による。
　なお，口座番号が同一の預金が数口あるときは，預金に付せられた番号の若い順序による。

ii）農協貯金の場合

第三債務者が農協（JA）の場合は，名称が「貯金」に変わり，貯金の種類に農協独自のものが加わります。

【書式】差押債権目録（農協貯金）

差押債権目録

金３,000,000円

ただし，債務者が第三債務者○○農業協同組合（△△支店扱い）に対して有する下記貯金債権及び同貯金に対する預入日から本差押命令送達時までの既発生利息のうち，下記に記載する順序に従い，頭書金額に満つるまで。

記

１．差押えのない貯金と差押えのある貯金があるときは，次の順序による。
⑴ 先行の差押え・仮差押えのないもの
⑵ 先行の差押え・仮差押えのあるもの

２．担保権の設定されている貯金とされていない貯金とがあるときは，次の順序による。
⑴ 担保権の設定されていないもの
⑵ 担保権の設定されているもの。

３．円貨建貯金と外貨建貯金があるときは，次の順序による。
⑴ 円貨建貯金
⑵ 外貨建貯金　差押命令が第三債務者に送達された時点における第三債務者の電信買相場により換算した金額（外貨）。ただし，先物為替予約がある場合には，原則として予約された相場により換算する。

４．数種の貯金があるときは，次の順序による。

⑴ 定期貯金	⑷ 通知貯金	⑺ 普通貯金	⑽ 別段貯金
⑵ 積立式定期貯金	⑸ 貯蓄預金	⑻ 営農貯金	⑾ 当座貯金
⑶ 定期積金	⑹ 納税準備貯金	⑼ 出資予約貯金	

５．同種の貯金が数口あるときは，口座番号の若い順序による。
なお，口座番号が同一の貯金が数口あるときは，貯金に付せられた番号の若い順序による。

iii）郵便貯金の場合

郵便貯金差押えは，日本郵政公社が平成19年10月１日に分割・民営化され，郵便貯金は，

① 民営化前の通常貯金と民営化後の貯金→株式会社ゆうちょ銀行

② 民営化前の定期性のある郵便貯金→
独立行政法人郵便貯金・簡易生命保険管理機構

に承継されたので，①の郵便貯金を差し押さえる場合は，第三債務者が「株式会社ゆうちょ銀行」となり，②の郵便貯金を差し押さえる場合は，第三債務者が「独立行政法人郵便貯金・簡易生命保険管理機構」となります。債務者の郵便貯金が，民営化前に作られたものか民営化後に作られたものかが不明な場合は，両方を差し押さえます。

【書式】差押債権目録（第三債務者株式会社ゆうちょ銀行）

差押債権目録

金 3,000,000円

ただし，債務者が第三債務者株式会社ゆうちょ銀行に対して有する下記貯金債権及び同貯金に対する預入日から本差押命令送達時までに既に発生した利息債権（ゆうちょ銀行○○貯金事務センター扱い）のうち，下記に記載する順序に従い，頭書金額に満つるまで。

記

１．差押えのない貯金と差押えのある貯金があるときは，次の順序による。
(1) 先行の差押え・仮差押えのないもの
(2) 先行の差押え・仮差押えのあるもの

２．担保権の設定されている貯金とされていない貯金とがあるときは，次の順序による。
(1) 担保権の設定されていないもの
(2) 担保権の設定されているもの

３．数種の貯金があるときは，次の順序による。

⑴　定期貯金
⑵　定額貯金
⑶　通常貯蓄貯金
⑷　通常貯金
⑸　振替貯金
4．同種の貯金が数口あるときは，記号番号の若い順序による。
　なお，記号番号が同一の貯金が数口あるときは，貯金に付せられた番号の若い順序による。

【書式】差押債権目録（第三債務者独立行政法人郵便貯金・簡易生命保険管理機構）

差押債権目録

金 3,000,000円
　ただし，債務者が第三債務者独立行政法人郵便貯金・簡易生命保険管理機構に対して有する下記郵便貯金債権及び同郵便貯金に対する預入日から本差押命令送達時までに既に発生した利息債権（株式会社ゆうちょ銀行○○貯金事務センター扱い）のうち，下記に記載する順序に従い，頭書金額に満つるまで。

記

1．差押のない郵便貯金と差押のある郵便貯金があるときは，次の順序による。
⑴　先行の差押え・仮差押えのないもの
⑵　先行の差押え・仮差押えのあるもの
2．担保権の設定されている郵便貯金とされていない郵便貯金とがあるときは，次の順序による。
⑴　担保権の設定されていないもの
⑵　担保権の設定されているもの
3．数種の郵便貯金があるときは，次の順序による。
⑴　定期郵便貯金（預入期間が経過し，通常郵便貯金となったものを含む）
⑵　定額郵便貯金（預入の日から起算して10年が経過し，通常郵便貯金となったものを含む）

(3)　積立郵便貯金（据置期間が経過し，通常郵便貯金となったものを含む）
(4)　教育積立郵便貯金（据置期間の経過後４年が経過し，通常郵便貯金となったものを含む）
(5)　住宅積立郵便貯金（据置期間の経過後２年が経過し，通常郵便貯金となったものを含む）
(6)　通常郵便貯金（(1)から(5)までの所定期間経過後の通常郵便貯金を除く）

４．同種の郵便貯金が数口あるときは，記号番号の若い順序による。
　なお，記号番号が同一の郵便貯金が数口あるときは，郵便貯金に付せられた番号の若い順序による。

(7)　第三債務者に対する陳述催告の申立て

債権は，不動産や動産のように目に見えるものではないので，債権者が，他人である債務者と第三債務者との間の債権の存否を知ることは困難です。

そこで債権者は，裁判所書記官から第三債務者に対し，差し押さえた債権の存否，第三債務者の弁済の意思，他の差押え，仮差押えの有無等について，陳述するよう催告を求める申立てをすることができます。これを「第三債務者に対する陳述催告の申立て」といいます（民執147条１項)。

１）申立ての方法

申立ての方法は，債権差押命令申立書にその旨を付記するか，別途申立書を作成し提出します。

陳述の催告は，債権差押命令正本の送達と同時になされなければならないので（民執147条１項)，陳述催告の申立ては，債権差押命令正本が第三債務者に発送される前にする必要があります。

この催告を受けた第三債務者は，債権差押命令正本の送達の日から２週間以内に陳述書を作成して，執行裁判所に提出しなければなりません(民執147条１項)。

2）第三債務者の陳述の内容

第三債務者の陳述の内容は，

①　差押えにかかる債権の存否・種類・額

②　弁済の意思の有無および弁済の範囲，弁済をしない理由

③　差押債権者に優先する債権者の有無，ならびに優先債権者の表示および優先権の種類・内容・範囲

などです。

第三債務者が故意または過失により陳述しなかったり，虚偽の陳述をしたことにより差押債権者に損害が生じた場合，第三債務者にこの損害を賠償する義務が生じます（民執147条２項）。

(8)　申立書の作成手順

以上より，次の事例に沿って，実際に申立書を作ってみましょう。

事例

(当事者)

A：東京都新宿区鳥立町１丁目２番３号　　甲野　太郎

B：横浜市戸塚区文田町３丁目２番１号　　乙山　花子

AはBに対し，平成23年６月１日に，

・返済期日：平成23年８月31日

・貸付利率：年３パーセント（１年に満たない日数は年365日の日割計算）

・損害金率：年14パーセント（１年に満たない日数は年365日の日割計算）

の条件で500万円を貸し渡した。

しかし，返済期日を過ぎても，BはAに全く返済をしない。そこで，

Aは,
・元金：500万円
・平成23年６月１日から８月31日まで（92日間）年３パーセントの割合（１年に満たない日数は年365日の日割計算）による未収利息：37,808円
・平成23年９月１日から支払済みまで年14パーセントの割合（１年に満たない日数は年365日の日割計算）による損害金
の支払を求めて東京地方裁判所に訴えを提起し（原告Ａ，被告Ｂ，平成25年(ワ)第○○○号事件），全面勝訴の判決を得た。

【判決主文】
１．被告は原告に対し，金5,037,808円及び内金5,000,000円に対する平成23年９月１日から支払済みまで年14パーセントの割合（１年に満たない日数は年365日の日割計算）による金員を支払え。
２．訴訟費用は，被告の負担とする。
３．この判決は，仮に執行することができる。

１）Ｂの給料を差し押さえる場合

Ａは返済しないＢに対してＢの給料を差し押さえようとしました。

Ｂの勤務先
（本社）　大阪市中央区秋内町４丁目５番６号
株式会社もうかり物産
代表取締役　丙野　秋男
（勤務地）　東京都港区海側町６丁目５番４号
株式会社もうかり物産　東京支社

この株式会社もうかり物産を第三債務者として，申立書を作成します。

申立日は平成25年６月30日とします。管轄裁判所は，横浜地方裁判所となります（民執144条，19条）。

【書式】債権差押命令申立書

債権差押命令申立書

平成25年６月30日

横浜地方裁判所　御中

申立債権者代理人

弁護士　　法　　務　　誠　　一

当事者
請求債権
差押債権
｝別紙目録のとおり

債権者は，債務者に対し，別紙請求債権目録記載の執行力ある債務名義の正本に表示された上記請求債権を有しているが，債務者がその支払をしないので，債務者が第三債務者に対して有する別紙差押債権目録記載の債権の差押命令を求める。

併せて，第三債務者に対し，陳述催告の申立て（民事執行法第147条第１項）をする。

添　付　書　類

１．執行力のある債務名義の正本　　１通
２．同送達証明書　　１通
３．資格証明書　　１通
４．委任状　　１通

当事者目録ですが，この場合は，債務者の勤務地が判明しているので，そこを「送達場所」として記載します。大きな会社で全国にいくつも支社・支店・営業所を持っているならば本社に送達されると該当する従業員をさがすのに時間がかかりますが，その債務者の勤務地が判明しているならば，そこに差押命令が送達されれば，第三債務者は早く処置をすることができるようになります。

請求債権目録は，債務名義が判決正本のものを使用します。

債務名義上，「支払済みまで」となっている利息や損害金は，申立日

【書式】当事者目録

当事者目録

〒×××-××××　東京都新宿区鳥立町１丁目２番３号
申立債権者　　甲　　野　　太　　郎

〒×××-××××　東京都千代田区法曹町３丁目３番３号
申立債権者代理人
弁護士　　法　　務　　誠　　一
TEL　03-3○○○-○○○○　FAX　03-3○○○-○○○○

〒×××-××××　横浜市戸塚区文田町３丁目２番１号
債務者　　乙　　山　　花　　子

〒×××-××××　大阪市中央区秋内町４丁目５番６号
第三債務者　　株式会社もうかり物産
代表者代表取締役　　丙　　野　　秋　　男
（送達場所）〒×××-××××　東京都港区海側町６丁目５番４号
株式会社もうかり物産　東京支社

（平成25年６月30日）までの金額を計算して記載します。

本件では，申立日は平成25年６月30日ですから，平成23年９月１日から平成25年６月30日までの１年303日間となり，損害金額は，5,000,000×0.14×（１＋303/365）＝1,281,095円となります。その結果，請求債権額は，5,000,000＋37,808＋1,281,095＋8,870＝6,327,773円となります。

【書式】請求債権目録

請求債権目録

金 6,327,773円

債権者債務者間の東京地方裁判所平成25年(ワ)第○○○号貸金返還請求事件の執行力ある判決正本に表示された下記金員及び執行費用。

記

(1)　元金 5,000,000円

(2)　利息金 37,808円

上記(1)に対する平成23年６月１日から平成23年８月31日まで年３パーセントの割合（１年に満たない日数は年365日の日割計算）による金員。

(3)　遅延損害金 1,281,095円

上記(1)に対する平成23年９月１日から平成25年６月30日まで年14パーセントの割合（１年に満たない日数は年365日の日割計算）による金員。

(4)　執行費用　金 8,870円

（内訳）	本申立手数料	金4,000円
	本申立書作成及び提出費用	金1,000円
	差押命令正本送達費用	金2,820円
	資格証明書交付手数料	金　600円
	送達証明申請手数料	金　150円
	執行文付与申立手数料	金　300円

差押債権目録は，民間会社，月払い（月給）のものを使用します。会社の従業員であれば，月給制が多いので，このタイプを利用してよいでしょう。

【書式】差押債権目録

差押債権目録

金 6,327,773円

債務者が，第三債務者から支給される，本差押命令送達日以降支払期の到来する下記債権にして，頭書金額に満つるまで。

記

1．給料（基本給と諸手当。ただし，通勤手当を除く。）から所得税，住民税，社会保険料等（法定控除額）を控除した残額の４分の１（ただし，上記残額が月額44万円を超えるときは，その残額から33万円を控除した金額）

2．賞与から１．と同じ法定控除額を控除した残額の４分の１（ただし，上記残額が月額44万円を超えるときは，その残額から33万円を控除した金額）

なお，１．及び２．により弁済しないうちに退職したときは，退職金から所得税及び住民税を控除した残額の４分の１にして，１．及び２．と合計して頭書金額に満つるまで

以上で完成です。

2）Ｂの銀行預金を差し押さえる場合

ＡはＢの銀行預金を差し押さえようと考えました。Ｂが預金している銀行がどこかわからないので，預金をしているであろうと思われるＢの自宅付近の銀行を調べて，その銀行を第三債務者として，申立てをしよ

うと考えました。

Ｂの自宅付近の銀行
①　株式会社AKG銀行　文田支店
（本　社）　東京都千代田区星野町４丁目３番２号
代表執行役　千代田　宏
（文田支店）　横浜市戸塚区文田町７丁目６番５号

②　株式会社KES銀行　文田支店
（本　社）　名古屋市中区花田町１丁目２番３号
代表取締役　名古屋　孝
（文田支店）　横浜市戸塚区文田町２丁目４番６号

申立書の表紙は，給料差押えのものと同じです。ただ，今回は，第三債務者が複数になるので，「第三債務者ら」と記載し，提出する資格証明書が２通になります。

また，今回は，「第三債務者に対する陳述催告の申立て」を別紙で作成しますので，申立書の文言から，削除しています。

【書式】債権差押命令申立書

債権差押命令申立書

平成25年６月30日

横浜地方裁判所　御中

申立債権者代理人

弁護士　法　務　誠　一

当事者　　}
請求債権　} 別紙目録のとおり
差押債権　}

債権者は，債務者に対し，別紙請求債権目録記載の執行力ある債務名義の正本に表示された上記請求債権を有しているが，債務者がその支払をしないので，債務者が第三債務者らに対して有する別紙差押債権目録記載の債権の差押命令を求める。

添　付　書　類

1．	執行力のある債務名義の正本	1通
2．	同送達証明書	1通
3．	資格証明書	2通
4．	委任状	1通

当事者目録は，第三債務者が銀行となり，送達場所を支店とします。

【書式】当事者目録

当事者目録

〒×××-××××　東京都新宿区鳥立町1丁目2番3号
申立債権者　　甲　　野　　太　　郎

〒×××-××××　東京都千代田区法曹町3丁目3番3号
申立債権者代理人
弁護士　　法　　務　　誠　　一
TEL　03-3***-****　FAX　03-3***-****

〒×××-××××　横浜市戸塚区文田町3丁目2番1号
債務者　　乙　　山　　花　　子

〒×××-××××　東京都千代田区星野町４丁目３番２号
第三債務者　　株式会社AKG銀行
代表者代表執行役　　千　代　田　　　宏
（送達場所）〒×××-××××　横浜市戸塚区文田町７丁目６番５号
株式会社AKG銀行　文田支店

〒×××-××××　名古屋市中区花田町１丁目２番３号
第三債務者　　株式会社KES銀行
代表者代表取締役　　名　古　屋　　　孝
（送達場所）〒×××-××××　横浜市戸塚区文田町２丁目４番６号
株式会社KES銀行　文田支店

請求債権目録は給料差押えのものと同じですが，今回は，執行費用を請求する形式としない形式の両方を作ってみます。なお，第三債務者の銀行が２行あるので，資格証明書交付手数料が1,200円となります。

【書式】請求債権目録（執行費用を請求する形式）

請求債権目録

金　6,328,373円
債権者債務者間の東京地方裁判所平成25年(ワ)第○○○号貸金返還請求事件の執行力ある判決正本に表示された下記金員及び執行費用。

記

(1)　元金　5,000,000円

(2)　利息金　37,808円
上記(1)に対する平成23年６月１日から平成23年８月31日まで年３パーセントの割合（１年に満たない日数は年365日の日割計算）による金員。

(3)　遅延損害金 1,281,095円
　上記(1)に対する平成23年９月１日から平成25年６月30日まで年14パーセントの割合（１年に満たない日数は年365日の日割計算）による金員。

(4)　執行費用　金 9,470円

（内訳）	本申立手数料	金4,000円
	本申立書作成及び提出費用	金1,000円
	差押命令正本送達費用	金2,820円
	資格証明書交付手数料	金1,200円
	送達証明申請手数料	金　150円
	執行文付与申立手数料	金　300円

【書式】請求債権目録（執行費用を請求しない形式）

請求債権目録

金 6,318,903円
　債権者債務者間の東京地方裁判所平成25年(ワ)第○○○号貸金返還請求事件の執行力ある判決正本に表示された下記金員及び執行費用。

記

(1)　元金 5,000,000円

(2)　利息金 37,808円
　上記(1)に対する平成23年６月１日から平成23年８月31日まで年３パーセントの割合（１年に満たない日数は年365日の日割計算）による金員。

(3)　遅延損害金 1,281,095円
　上記(1)に対する平成23年９月１日から平成25年６月30日まで年14パーセントの割合（１年に満たない日数は年365日の日割計算）による金員。

差押債権目録は多少異なります。請求債権額を差押えをする債権の数に応じて按分します。按分の方法は特に規定はありません。1/2ずつでもよいし，多く預金があると見込める方に多く割り付けしたりしてもかまいません。執行費用を請求する形式での6,328,373円を1/2で割り付けしてみます。1/2で計算して，１円以下の端数が出た場合，片方を切り上げます。

【書式】差押債権目録

差押債権目録

⑴　金 3,164,187円（株式会社AKG銀行　文田支店）
⑵　金 3,164,186円（株式会社KES銀行　文田支店）

ただし，債務者が
⑴　第三債務者株式会社AKG銀行（文田支店扱い）
⑵　第三債務者株式会社KES銀行（文田支店扱い）
に対して有する下記預金及び同預金に対する預入日から本差押命令送達時までの既発生利息のうち，下記に記載する順序に従い，頭書金額に満つるまで。

記

1．差押えのない預金と差押えのある預金があるときは，次の順序による。
⑴　先行の差押え・仮差押えのないもの
⑵　先行の差押え・仮差押えのあるもの
2．円貨建預金と外貨建預金があるときは，次の順序による。
⑴　円貨建預金
⑵　外貨建預金　差押命令が第三債務者に送達された時点における第三債務者の電信買相場により換算した金額（外貨）。ただし，先物為替予約がある場合には，原則として予約された相場により換算する。
3．数種の預金があるときは，次の順序による。
⑴　定期預金
⑵　定期積立
⑸　納税準備預金
⑹　普通預金

(3)　通知預金　　　　　　　　　　　(7)　別段預金
(4)　貯蓄預金　　　　　　　　　　　(8)　当座預金
4．同種の預金が数口あるときは，口座番号の若い順序による。
なお，口座番号が同一の預金が数口あるときは，預金に付せられた番号の若い順序による。

最後に，第三債務者に対する陳述催告の申立書を作成して，完成です。

【書式】第三債務者に対する陳述催告の申立書

第三債務者に対する陳述催告の申立書

平成25年6月30日

横浜地方裁判所　　御中

申立債権者　　　　　甲　野　太　郎
申立債権者代理人
弁護士　　法　務　誠　一

申立債権者　　甲　野　太　郎
債務者　　乙　山　花　子
第三債務者　　株式会社AKG銀行
第三債務者　　株式会社KES銀行

本日，御庁に申し立てた上記当事者間の債権差押命令申立事件について，第三債務者に対し，民事執行法147条1項に定める陳述の催告をされたく，申立て致します。

(9)　債権差押命令の発令と送達通知

1）発令と送達

裁判所で申立てを審査し，認容されると，裁判所は「債権差押命令」を発令し，第三債務者，債務者，申立債権者へ送達します（民執145条３項）。

債務者および第三債務者には特別送達で送達されます。差押えの効力は，第三債務者に差押命令正本が送達されたときに生ずるので（民執145条４項），第三債務者に送達される前に債務者に送達されると，差押えの効力が発生する前に債務者に差押えの事実が知られてしまい，債権を処分されてしまう可能性があるので，まず第三債務者に送達を実施し，その完了後に債務者に送達するという扱いがなされているのが一般的です。

最初の送達は，債権差押命令が発令された後に執行裁判所でなされますが，最初の送達ができなかったときは，執行裁判所から差押債権者にその旨が連絡され，差押債権者は，送達不能となった原因によって，執行裁判所に対して次の送達方法の上申をします。

①　「不在」により送達できなかった場合

「不在により不送達」とは，送達されたときに送達を受けることができる者がいなかったため，不送達となったことを意味します。この場合，債務者または第三債務者が自然人（個人）の場合，土・日・祝日に送達されるよう「休日送達上申」をするのが一般的です。債務者や第三債務者が法人の場合，その代表者に宛てて「休日送達上申」をします。休日送達によっても送達できなかったときは，債務者や第三債務者の就業場所に送達されるように「就業場所送達上申」をします。

就業場所が判明しないとき，または就業場所送達を試みても送達できなかったとき，受送達者がその住所地に居住していることを確認し，その報告書とともに「書留郵便に付する送達上申（付郵便送達上申）」をします。ただし，第三債務者に対しては，第三債務者自身が差押えの事実を認識することが必要なので，実際に受領しなくても差押えの効果が発生してしまう付郵便送達は認めない扱いをしているのが一般的です。

② 「転居先不明」「宛所尋ねあたらず」で不送達となった場合

送達すべき場所から受送達者が転居してその転居先が不明であるために不送達となった場合が「転居先不明」，そもそも送達すべき場所が見当たらないため不送達となった場合が「宛所尋ねあたらず」です。この場合，最新の住民票の写し，戸籍の附票，法人登記事項証明書で調査し，新しい住所への再送達の上申をします。

③ 再送達の場所が判明しない場合

現在の送達すべき場所を調査しても，それが判明しないとき，「公示送達の申立て」をすることになります。ただし，第三債務者に対しては，公示送達を認めない扱いが一般的です。債権差押えは，第三債務者が差押えの事実を覚知して初めて実効性が出るのですから，公示送達のように「送達されたものとみなす」とすると，差押えの効力は発生しても，現実に第三債務者から差押債権者は取立てをすることが不可能です（そもそも行方不明の人から取立てをするというのは非現実的といえるでしょう）。なお，第三債務者に対して，将来的に第三債務者の財産の強制執行を考え，第三債務者に取立訴訟を行い，その判決を債務名義とするような場合には，第三債務者に対する公示送達も認める余地があるといえるでしょう。

2）申立債権者への送達と送達通知

多くの裁判所では，第三債務者，債務者へ送達が完了した後，申立債権者に「送達通知書」とともに債権差押命令正本を送付しています（民執規134条）。債権差押命令正本が第三債務者に送達されると差押えの効力が発生し（民執145条４項），債務者に送達された日から１週間経過すると，差押債権者に取立権が発生するので（民執155条１項），この送達通知書によって，差押債権者は取立権の発生日を確認することができるようになります。

⑽ 債権差押命令の効力と取立届・取立完了届

1）債権差押えの効力

債権差押命令は，債務者に対しては，差し押さえられた債権を取り立てたり処分（譲渡・質権設定など）することを禁止し，第三債務者に対しては，債務者への弁済を禁止します。

申立債権者にとっては，債務者に債権差押命令正本が送達された日から１週間を経過すると取立権が発生するので（民執155条１項），申立債権者は，第三債務者から差し押さえた債権を取り立てることができます。

2）取立届・取立完了届

申立債権者が取り立てた額が，請求債権額と執行費用額の全額に満たない場合は，取り立てた額についての「取立届」を提出します。

【書式】取立届

取　立　届

平成○年○月○日

東京地方裁判所　御中

申立債権者　　○　○　○　○
申立債権者代理人
弁護士　　○　○　○　○

申立債権者　○　○　○　○
債務者　△　△　△　△
第三債務者　株式会社××銀行

上記当事者間の平成○年(ル)第○○○○号債権差押命令に基づき，平成○年○月○日に，第三債務者より金○○○○円を取り立て致しましたので，届け出致します。

差し押さえた債権が，給料のように継続的に給付される債権である場合は，請求債権額の範囲まで差押後に給付される債権にもその効力が及ぶので（民執151条），取立てが継続していることを付記します。

【書式】取立届（取立てが継続する場合）

取　立　届

平成○年○月○日

東京地方裁判所　御中

申立債権者　　　　○　○　○　○
申立債権者代理人
　　　　　弁護士　○　○　○　○

申立債権者　○　○　○　○
　　債務者　△　△　△　△
第三債務者　株式会社××商事

上記当事者間の平成○年(ル)第○○○○号債権差押命令に基づき，平成○年○月○日に，第三債務者より金○○○○円を取り立て致しましたので，届け出致します。

なお，取立はまだ継続しています（差押債権額金○○○○円，取立額累計金○○○○円，残額金○○○○円）。

差押債権者が第三債務者から取立てをして，請求債権額と執行費用額の全額について支払を受けたときは，目的を達成したことになるので，「取立完了届」を提出します。

【書式】取立完了届

取　立　完　了　届

平成○年○月○日

東京地方裁判所　御中

申立債権者　　　　○　○　○　○

申立債権者代理人

弁護士　　○　○　○　○

申立債権者　○　○　○　○

債務者　△　△　△　△

第三債務者　株式会社××銀行

上記当事者間の平成○年(ル)第○○○○号債権差押命令に基づき，平成○年○月○日に，第三債務者より金○○○○円を取り立てし，取立が全額完了致しましたので，届け出致します。

⑾　債権差押命令の効力と取下げ

債権差押命令が発令されても，差し押さえた債権が発令前にすでに弁済されていた，もしくは，第三債務者が反対債権を持っていて相殺を主張してきたような場合，差押債権者は，取立てができない（取立てをする債権がない）ので，申立ての取下げをする必要があります。

差し押さえた債権が請求債権額よりも少なく，全額回収できなかった場合，取り立てた分を除く部分（「その余」と表記します）の取下げをします。

【書式】取下書（全部取下げ）

平成○年(ル)第○○○○号　債権差押命令申立事件
申立債権者　○　○　○　○
債務者　△　△　△　△
第三債務者　株式会社××銀行

取　下　書

平成○年○月○日

東京地方裁判所　御中

申立債権者代理人
弁護士　○　○　○　○

上記当事者間の頭書事件につき，債権者は申立ての全部を取り下げます。

【書式】取下書（回収不能部分の取下げ）

平成○年(ル)第○○○○号　債権差押命令申立事件
申立債権者　○　○　○　○
債務者　△　△　△　△
第三債務者　株式会社××銀行

取　下　書

平成○年○月○日

東京地方裁判所　御中

申立債権者代理人
弁護士　○　○　○　○

上記当事者間の頭書事件につき，債権者は，既に取り立てた金○○○○円を除くその余を取り下げます。

⑿　第三債務者の供託

債権差押命令の送達を受けた第三債務者の中には，「よくわからないから払わない。」「何がどうなっているのか知らないが，どうしたらいいかはっきりしてくれるまで払わない。」という人がいます。

また，１つの債権に複数の差押えが重なったら，「誰に払っていいのかわからないから，はっきりするまで誰にも払わない。」という人もいます。

第三債務者は，債権差押命令が発令されると債務者への支払い（弁済）は禁止されますが，それは払わなくてよいということではなく，やはり支払日（弁済期）がくると払わなければなりません。払う相手は，差押債権者になるのですが，ここで，もし第三債務者が債務者に対し，反対債権を持っていて，相殺適状になっているならば，差押債権者に対して相殺（民505条）を主張することができますし，その他，債務者に対して主張できる抗弁事由があれば，それを差押債権者に対して主張することができます。たとえば，債務者からの反対給付があり，それが同時履行の関係にあるならば，「同時履行の抗弁権」（民533条）が主張できます。

債務者に対して主張できる抗弁事由がない場合，差押債権者に支払うことになるでしょう。差押債権者が請求してきたらそれに応じて支払えばいいのですが，何の連絡もなければ，第三債務者としてはどうしていいのかわからなくなり，かといって，支払わなくていい，ということにはなりません。

また，前述のように，１つの債権に複数の差押えが重なって，差押債権者が２人以上いるならば，そのうちの誰に支払えばいいのか，だれが優先するのか，第三債務者の立場ではわからないでしょう。

そこで，第三債務者には，差押えの状況によって，供託する制度が規定されています。

１）権利供託

債権差押命令が１件のみ，または，複数の差押えがあっても競合しないようなときは，第三債務者は，差押えにかかる債権の全額に相当する金銭を債務の履行地の供託所に供託することができます。これを「権利供託」といいます（民執156条１項）。

権利供託をするかしないかは，第三債務者自身の判断によるので，供託をせずに差押債権者に弁済してもかまいません。

2）義務供託

複数の差押えが重なり，２人以上の差押債権者がいる場合で，それらの請求債権額の合計が差押債権の額を上回る場合，第三債務者は，差押債権の全額に相当する金銭を債務の履行地の供託所に供託しなければなりません。これを「義務供託」といいます（民執156条２項）。

義務供託をしなければならない状況では，第三債務者は必ず供託しなければなりません。供託をせずに１人の差押債権者に支払っても，他の差押債権者に対しては，既に弁済したことを主張することはできず，二重払いをしなければならない危険を負担することになります。

事 項 索 引

あ行

か行

さ行

た行

な行

は行

ま行

や行

ら行

参考文献

裁判所職員総合研修所監修『民事実務講義案Ⅰ（4訂補訂版）』（司法協会，2013年）

裁判所職員総合研修所監修『民事実務講義案Ⅱ（4訂補訂版）』（司法協会，2013年）

裁判所職員総合研修所監修『執行文講義案（改訂補訂版）』（司法協会，2013年）

園部厚『書式　債権・その他財産権・動産等執行の実務（全訂13版）』（民事法研究会，2013年）

園部厚『書式　不動産執行の実務（全訂9版）』（民事法研究会，2011年）

著者紹介

矢野 公一（やの・まさかず）

1989年に信州大学農学部卒業後，食品会社勤務（開発職）を経て，法律事務の世界へ。
1991年より大藏法律事務所（1999年より大藏・児玉法律事務所，いずれも大阪）にて法律事務職員として勤務をはじめる。その後約20年にわたり，多種多様な事件の法律事務にかかわる。現在は，弁護士法人大阪ときわ法律事務所（大阪）の事務局にて多忙な業務を行う傍ら，後進の指導にも積極的に取り組んでいる。ユーモアあふれる親身な指導で活躍中。
NPO法人 法律専門秘書教育協会理事（2012年～）
Facebook https://www.facebook.com/yano.masakazu

これまでの研修実績

大阪YWCA専門学校
「法律秘書養成講座入門コース」（2007年～2011年）
大阪弁護士会
「事務職員研修」（2008年～）
日本弁護士連合会
「事務職員能力認定制度に基づく研修会」（2008年・2009年）
パラリーガル岡山
「日弁連事務職員能力認定試験フォロー研修」（2009年～）

著　書

『スキルアップ法律事務テキスト』日本加除出版　2010年
『スキルアップ法律事務ワークブック①・②』日本加除出版　2011年

スキルアップ法律事務
裁判所提出書類の作り方・集め方
民事訴訟／保全／執行

定価：本体2,800円（税別）

平成25年9月30日　初版発行

著　者　矢　野　公　一
発行者　尾　中　哲　夫

発行所　日本加除出版株式会社
本　社　郵便番号 171-8516
東京都豊島区南長崎3丁目16番6号
TEL (03)3953-5757（代表）
(03)3952-5759（編集）
FAX (03)3951-8911
URL http://www.kajo.co.jp/
営業部　郵便番号 171-8516
東京都豊島区南長崎3丁目16番6号
TEL (03)3953-5642
FAX (03)3953-2061

組版・印刷　㈱郁文　／　製本　牧製本印刷㈱

落丁本・乱丁本は本社でお取替えいたします。

Printed in Japan
ISBN978-4-8178-4114-8 C2032 ¥2800E